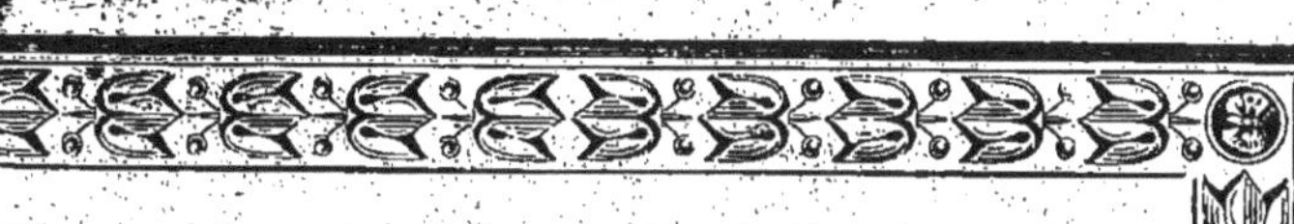

LE

ROMANTIQUE,

DRAME

EN CINQ ACTES, EN VERS,

PAR P. J.-B. DALBAN.

PRIX : 2 FR.

PARIS,

FIRMIN DIDOT FRÈRES, LIBRAIRES,

RUE JACOB, N° 24.

DELAUNAY, PALAIS-ROYAL, N° 182.

VIMONT, PASSAGE VÉRO-DODAT, N° 1.

ROUSSEAU, RUE RICHELIEU, N° 103.

M DCCC XXXIII.

LE

ROMANTIQUE,

DRAME

EN CINQ ACTES, EN VERS,

PAR P. J.-B. DALBAN.

PRIX : 2 FR.

PARIS,

FIRMIN DIDOT FRÈRES, LIBRAIRES,

RUE JACOB, N° 24.

DELAUNAY, PALAIS-ROYAL, N° 182.

VIMONT, PASSAGE VÉRO-DODAT, N° 1.

ROUSSEAU, RUE RICHELIEU, N° 103.

M DCCC XXXIII.

OUVRAGES DE L'AUTEUR.

Le Défiant, comédie en cinq actes, en vers. Paris, *Michaud.*

Les Malheurs de l'Amour, ou les Mémoires d'une femme; roman in-12. Paris, *Le Normand.*

Poésies diverses et Pièces de théatre, 1 vol. in-12. Paris, *Eymery.*

Célestine, ou l'Héroïne de roman; 2 vol. in-12. Paris, *Ambroise Dupont.*

Catilina, tragédie en cinq actes, imitée de Ben Johnson. Paris, *Vente.*

Hécube, tragédie en cinq actes. Paris, *Vente.*

L'Original, comédie en cinq actes, en vers. Paris, *Bréauté.*

Les Préventions, comédie en trois actes, en prose. Paris, *Firmin Didot frères.*

IMPRIMERIE DE FIRMIN DIDOT FRÈRES,
RUE JACOB, N° 24.

PRÉFACE.

Les ravages toujours croissants du déplorable genre romantique nous ont fourni le sujet de cet ouvrage. Ce que nous avions prédit dans d'autres écrits n'a pas tardé d'arriver ; le Théâtre-Français, accablé du déluge de tant de productions monstrueuses, est enseveli sous ses ruines. Les tableaux des atrocités les plus révoltantes, de la prostitution et de la débauche, ont paru sur nos théâtres comme dans les repaires et les mauvais lieux où ces crimes seraient pratiqués. Tel auteur a donné le bal dans ses tragédies ; tel autre, dans une pièce qui serait mieux appelée la parodie des *sept sacrements* que du nom qu'elle porte, nous a édifiés du divertissement d'une procession et de cérémonies religieuses.

Les directeurs de province, abusés par la représentation et par les éloges des journaux, sans voir le fil caché qui fait mouvoir la machine, se sont empressés de donner ces ouvrages qui leur étaient envoyés de Paris, foyer de corruption d'où le mauvais goût se répand avec activité dans la province. Mais en province, non plus qu'à Paris, les honnêtes gens n'ont pas voulu s'entendre avec les entrepreneurs de succès de commande, et afin qu'on le sache bien, la bonne compagnie ne va plus au spectacle.

Il est à remarquer que depuis que nous sommes privés

de la représentation des chefs-d'œuvre, notre gloire nationale, il y a à Paris un théâtre anglais, jouant la tragédie et la comédie.

Ainsi ramenés à l'enfance de l'art et au désordre du théâtre français à sa naissance, les auteurs de la nouvelle école ont déclaré ne pouvoir satisfaire les besoins du public par les moyens avoués de l'art et ses combinaisons naturelles. C'est un aveu que nous n'avons pas fait; et nous protestons que les richesses de la comédie sont à peine à moitié épuisées, et que l'art tragique est encore aussi fécond que les événements historiques qui en sont le sujet sont variés et nombreux.

Il est donc bien entendu que c'est ici une critique du genre romantique; ce que nous disons dans la crainte que le public, qui a eu si souvent raison de se croire offensé par quelques productions modernes, ne s'imagine voir une nouvelle mystification dans un ouvrage entrepris dans la vue de son instruction et de son amusement.

Mediocribus esse poetis
Non homines, non dî, non concessere columnæ.
HOR., *de Arte poet.*

LE ROMANTIQUE.

PERSONNAGES.

OCTAVE.
M. D'OSMOND.
MADAME D'OSMOND.
ÉTHELVINA.
VALCOUR.
SULZER, PALMER, ROMUALD, WESTMANN, } amis d'Octave.
DUPRÉ, domestique de M. d'Osmond.
DEUX HUSSARDS.
DEUX MOINES, personnages muets.
TROUPE DE JEUNES GENS, amis d'Octave.

La scène est à la campagne, dans un château de M. d'Osmond.

LE ROMANTIQUE.

ACTE PREMIER.

SCÈNE I.

SULZER, VALCOUR.

SULZER.

Ah, cher Valcour!

VALCOUR.

Sulzer!

SULZER.

Se peut-il! en ces lieux,
Chez d'Osmond? Dès le jour qu'un vol ambitieux
T'emporta loin de nous pour chercher la fortune,
Fuyant de tes amis la concorde importune,
Nous ne te voyons plus.

VALCOUR.

Il est vrai.

SULZER.

Tu connais
De la loge pourtant les austères décrets;
Franc-juge ou franc-maçon, nous avons ta parole,
Et vivre et mourir libre est la loi qui console!

VALCOUR.

J'en conviens. Occupé de soins plus exigeants,
J'ai rompu tout commerce avec nos jeunes gens,
Et chez d'Osmond admis comme de la famille,
Je m'y marie.

SULZER.

Ah bon! toi l'époux de sa fille?

VALCOUR.

Oui. Cet hymen pourtant, sur l'intérêt fondé,
Pour quelques jours encor veut être retardé.
Épris éperdûment de l'objet qui m'enflamme,
J'adore Éthelvina; mais ce soin de mon ame,
A mon avancement subordonné pourtant,
Me soumet aux devoirs d'un examen prudent,
Et quelque temps encore il faut me priver d'elle.
C'est qu'on aime aujourd'hui d'une façon nouvelle.

SULZER.

Ah! oui.

VALCOUR.

Pour parvenir je suis industriel,
Enfin, puisqu'à présent c'est là l'essentiel.
Observe sur le pied de tout ce qui se passe,
De la société dominant chaque classe,
Comme l'ambition, la soif de parvenir,
Enflamment tous les cœurs pleins du même désir.
Dans un chemin glissant on se presse, on se foule,
Sur un flot disparu c'est un flot qui s'écoule,
Et le dernier venu, pour se précipiter,
Donne à peine au premier le temps de se hâter.
L'un postule en commis auprès des ministères,

En visites de cour l'autre fait des affaires;
L'un gagne aux fonds publics de fort gros intérêts,
Qu'un usurier moins vil vole en argent de prêts.
Dans ce nombre de gens qui de leur industrie
Ont par leur savoir-faire enrichi leur patrie,
Et qui sur l'univers en étendant les mains,
Ont dans leur bienfaisance embrassé les humains,
Je voudrais de mes soins pour récompense honnête
De quelque préfecture obtenir la retraite,
Ou, zélé candidat dans un département,
Au rang de député monter premièrement,
D'où bientôt parvenant à la guerre, aux finances,
Je puis modestement borner mes espérances,
Et même m'élever bien plus haut mille fois
Que le rang où d'Osmond ne fixerait mon choix.
Voilà ce qu'il me faut.

SULZER.

Bon! j'applaudis moi-même
A cette ambition où, monté par système,
Aux plus nobles emplois où tu vas être admis,
Tu pourras protéger tes frères, tes amis.

VALCOUR.

Vous protéger! non pas, non pas, mauvaises têtes!
Je fuis des liaisons avec vous indiscrètes.
Vous sentez trop, messieurs, la corde... et d'amitié
A des conspirateurs je me croirais lié.
Quiconque à s'élever aspire, s'il est sage,
De tout lien gênant doit rompre l'esclavage.
De son cœur sans pitié nourri de vanité
Un généreux dédain chasse l'humanité;

Trop faible pour l'ami, le sot qui l'importune
S'il ne l'immole pas d'abord à sa fortune,
Et tout ambitieux fait pour aller au grand
N'a dans le monde enfin d'amis ni de parent.

SULZER.

Et d'Osmond connaît-il ce langage héroïque?

VALCOUR.

Non; je lui cache encor mon dessein politique,
Lorsque sincèrement de sa fille amoureux,
J'attends de son crédit quelque hasard heureux,
Quelque coup de bonheur, place, faveur, puissance,
Qui promptement, vois-tu, déciderait la chance.
Ainsi par ce moyen je m'en fais un appui,
Je cherche à m'avancer, si je peux, avec lui;
Et pourtant ce secret ignoré dans le monde
Laisse encor nos desseins dans une nuit profonde.
Je le sers, il me sert... nous nous poussons tous deux,
Culbutant tout le monde au sort le plus heureux.
A point nommé pour lui vaque-t-il une place?
Un prétendant l'ignore, et c'est moi qui l'en chasse;
J'arrive, je parviens : il prépare sous main
Le succès qui pour moi sera mûri demain;
Et le public charmé d'un succès qui le passe
Admire et suit de loin notre vol dans l'espace.

SULZER.

Fort bien!

VALCOUR.

Ainsi tu vois, l'intérêt nous unit,
Et même aussi l'amour; c'est lui qui me conduit,
Et je viens à d'Osmond apprendre la nouvelle

Du succès de mes soins pour une bagatelle.
C'est sa fille, ma sœur... Dans son appartement
Entrons, tu le vas voir.

SCÈNE II.

MADAME D'OSMOND, ÉTHELVINA.

ÉTHELVINA.

Quoi? même en ce moment
Vous y songez encore?

MADAME D'OSMOND.

Oui, cette affreuse idée
Sans cesse me poursuit de regrets obsédée,
Et l'aspect de ces bois où nous nous retrouvons
A réveillé pour moi ces tristes visions.
Nous venions en ces lieux de ce château gothique
Revoir comme aujourd'hui le site romantique;
L'hymen venait pour moi d'allumer son flambeau,
Comme il va de vos jours éclairer le plus beau;
Tout à coup de brigands une horde effrayante
Arrête nos chevaux, nous porte l'épouvante,
Et dans le triste état où même je vous voi,
Dans un repaire affreux déja mortes d'effroi,
Nous ne devons l'espoir du jour que l'on nous laisse
Qu'à l'un de ces brigands qui pour nous s'intéresse.
La vertu sur son front se peignant sans effort
Annonçait un mortel au-dessus de son sort,
Et son image encor présente à ma pensée
De long-temps, je le vois, n'en peut être effacée.

ÉTHELVINA.

Long-temps évanouie en ce désordre affreux
Je ne repris mes sens qu'en sortant de ces lieux,
Et ne puis concevoir ce retour de tendresse
Pour un brigand.

MADAME D'OSMOND.

Jugez combien il m'intéresse.
Ses lettres depuis lors, singuliers monuments,
Osèrent de son cœur m'apprendre les tourments,
Et partout où le sort a promené ma vie
A travers les dangers m'ont sans cesse suivie.

ÉTHELVINA.

Et vous lui répondiez?

MADAME D'OSMOND.

Sans doute: je l'ai dû,
J'espérais ramener son cœur à la vertu.
Soit faiblesse, penchant, ou bien reconnaissance,
Cet homme a de ma main des preuves d'imprudence.
Mais enfin ce n'est pas pour cet infortuné
Le bizarre intérêt de mon cœur étonné,
Ni cet amour farouche, impétueux et tendre
Qui même de sa part ne saurait se comprendre,
Non, ce n'est pas ce trait de mon orgueil blessé
Qui se fait mieux sentir à mon cœur offensé;
Connaissez un motif du plus grave délire
Et dont vous frémirez quand je vais vous le dire:
En arrivant ici j'ai cru voir ce brigand
Qui me jeta jadis dans un effroi si grand,
Et dont la singulière et bizarre constance
Me poursuit en tous lieux.

ÉTHELVINA.

Bon! quelle vraisemblance,
Ma chère?

MADAME D'OSMOND.

Comme vous, je voudrais en douter,
Aux indices que j'ai que pourrais-je ajouter?
Un plus triste motif, et que je dois vous taire.
Vous venez en ces lieux pour épouser mon frère,
J'y consens volontiers; mais vous saurez un jour
Que sur votre secret j'ai des droits à mon tour,
Et quand de votre part j'exige ce service,
C'est vous faire moi-même un plus grand sacrifice.
Monsieur d'Osmond!

SCÈNE III.

MADAME D'OSMOND, D'OSMOND, ÉTHELVINA.

D'OSMOND.

Ma chère! et toi, ma pauvre enfant!
Bonjour! Graces au ciel, me voilà triomphant
Dans nos bois.

MADAME D'OSMOND.

Par malheur, un peu loin de la ville.

D'OSMOND.

Trop près!... De ce château jamais je ne m'exile
Sans regretter la paix de son heureux séjour.
C'est qu'aussi franchement, et depuis plus d'un jour,
La manière et le ton qu'ailleurs il me faut suivre
Ne sont pas de mon goût. Me convient-il de vivre
Avec le caractère et les goûts éprouvés

De l'homme respectable, ainsi que vous vivez?
Vos grands dîners à jeun, vos mortelles soirées,
De punch, de politique et d'ennui saturées,
Vos cabales, vos clubs, et ces vastes projets,
D'une existence à part ces frivoles objets,
Ces penchants forcenés, ces besoins qu'on appelle
Ceux des sociétés de l'époque nouvelle,
Me donnent pour ma part assez à regretter
Les plaisirs innocents qu'il m'a fallu quitter,
Le calme et le bonheur du foyer domestique
Vers lequel me ramène un charme sympathique.

MADAME D'OSMOND.

Et moi, non! le plaisir est mon unique loi,
Le monde m'enlève.

D'OSMOND.

Oui. Je sais que je vous doi
Tout ce que de plaisirs de tumulte et de joie
L'ivresse de votre âge en ma maison déploie.
Depuis que par l'attrait d'un charme, hélas! trop doux
Par un second hymen je devins votre époux,
L'excès de ma faiblesse, il faut que j'en convienne,
De vos légèretés m'a fait subir la chaîne.
Je vous dois les dangers des folles liaisons
Qui m'ont avec Valcour compromis sans raisons.
Votre frère, il est vrai, jamais son imprudence,
Son intrigue, ses airs, sa folle confiance,
Je ne le cache pas, sans vous ne m'auraient plu.
A regret j'ai cédé quand vous avez voulu
De nos liens d'époux resserrer l'origine;
A mon Éthelvina c'est lui que je destine.

J'y consentis d'abord par une ambition
Dont je blâme à présent la folle intention;
Mais enfin ce n'est rien s'il peut la rendre heureuse.
Te plaît-il?

ÉTHELVINA.

Oui, mon père.

D'OSMOND.

Elle en est amoureuse;
Non pas moi. Ce Valcour, je lis dans l'avenir,
Dans mon estime encor ne peut se maintenir.
Je l'aime presque autant que ces amis frivoles
Qu'il amène suivis d'une troupe de folles,
Ces courtiers, ces agents, ces hommes à ressort
Aussi sûrs que lui-même, ou je me trompe fort.
Il approche.

SCÈNE IV.

ÉTHELVINA, MADAME D'OSMOND, D'OSMOND, VALCOUR.

VALCOUR.

Eh bien, donc! je vous cherche, beau-frère.
Êtes-vous enterré dans la gentilhommière?
Bonjour, ma sœur; à ma chère future aussi!
Eh bien, dans ma démarche enfin j'ai réussi.
Félicitez-moi donc, j'ai cette préfecture
Qui vaque exprès pour vous, mon cher, la chose est sûre.

D'OSMOND.

Je vous en félicite, oui, pour vous; non, pour moi.
Et je n'aspire plus à ce brillant emploi.

J'ai fait pour obtenir un succès qui me flatte
Des efforts assez grands dans une route ingrate.
Et je me lasse enfin pour échouer à tout
D'une vie incommode et si peu de mon goût.
De vos ardents plaisirs la douceur imparfaite
N'excite plus chez moi qu'une soif satisfaite.
Je n'en veux plus.

VALCOUR.

C'est fort! mon cher, vous m'étonnez.
Renoncer! quand vos soins vont être couronnés.
Savez-vous ce qu'on fait, par quel ressort utile,
On obtient un succès tardif et difficile.
On cherche à se lier dans des sociétés
D'industriels, d'amis par leurs travaux cités;
On est intéressé dans des manufactures,
Ou bien entrepreneur de vastes fournitures,
Entreprises, marchés ou spéculations
De banque; ou bien, tenez, dans les élections
Pour nouveau candidat, offrez-vous.

D'OSMOND.

J'en augure
Que vous ne comptez pas sur cette préfecture?

VALCOUR.

Et si j'en étais sûr, vous en profiteriez?
Agissez, c'est certain.

MADAME D'OSMOND.

Vous vous décideriez
En toute occasion; c'est ce qu'il vous faut faire
Pour devenir préfet.

ÉTHELVINA.

Oui, c'est ce que j'espère,
Et de vous voir préfet j'aurai donc le bonheur,
Mon père?

D'OSMOND.

Mon enfant, pour toi c'est un honneur!
Et ma fille, elle arrive aujourd'hui pour conclure,
Finit-on?

VALCOUR.

Remettez encor la signature,
Pour raison. Nous pouvons, au moyen du secret,
Nous entr'aider tous deux; et c'est ce qu'il faudrait.
Et d'abord, il me faut, par un besoin étrange,
Pour un ami partant, plusieurs lettres de change,
D'une assez forte somme, avec un passeport;
Puis-je compter sur vous?

D'OSMOND.

Certainement, très-fort.

VALCOUR.

Bon! toujours obligeant; et le cher fils, Octave,
Que devient-il?

D'OSMOND.

Objet du chagrin le plus grave,
Sauvage, singulier, il passe ici ses jours.
Quel fardeau pour nous!

VALCOUR.

Oui, j'en conviens, c'est un ours.

D'OSMOND.

Fait pour aller à tout....

VALCOUR.

Il faut que je le voie.

Il approche.

SCÈNE V.

OCTAVE, ÉTHELVINA, MADAME D'OSMOND, D'OSMOND, VALCOUR.

MADAME D'OSMOND.

Grands dieux!

VALCOUR.

Est-ce tristesse, ou joie?

Quoi! l'on se trouve mal.

D'OSMOND.

Ma femme! Laissez-moi,

J'en vais prendre soin.

SCÈNE VI.

OCTAVE, VALCOUR.

VALCOUR.

Bon! comment donc? c'est pour toi.

Et cher ami, ta vue opère des merveilles!

Qu'est-ce donc?

OCTAVE.

Te voici? Sur des crises pareilles,

Tu ne devines pas?

VALCOUR.

Non.

OCTAVE.

La forêt, le bois....
Cette femme, en voyage, enlevée autrefois.

VALCOUR.

Ah! scélérat.

OCTAVE.

Brigand!

VALCOUR.

Et l'autre?

OCTAVE.

Est ta maîtresse,
Ma sœur.

VALCOUR.

Ta sœur; et la mienne? Quelle détresse!
Et toi! Te voilà donc de nouveau confiné
Dans ces bois, solitaire et du *spleen* dominé?

OCTAVE.

C'est mon penchant.

VALCOUR.

Comment, loin d'un ennui futile
Ne saurais-tu remplir quelque emploi plus utile?

OCTAVE.

Utile!

VALCOUR.

Parcourir la route des honneurs?

OCTAVE.

Des honneurs!

VALCOUR.

Je le dis, par égard pour les mœurs,
Je voudrais te voir vivre et faire quelque chose.

OCTAVE.

Et tu fais quelque chose, aussi, toi?

VALCOUR.

Je suppose
Que je fais beaucoup.

OCTAVE.

Oui!

VALCOUR.

D'abord, je vise au grand,
A la première place; et....

OCTAVE.

Bon! cela te rend?

VALCOUR.

De l'estime. Et d'abord beaucoup plus qu'on ne pense,
L'honneur! de la vertu toujours la récompense.

OCTAVE.

Oui, le mérite, certe! il est récompensé?

VALCOUR.

Il attend quelquefois; mais tout est compensé.

OCTAVE.

Cela mène... et te rend de compte fait... la somme?

VALCOUR.

Tu te railles, je crois. Rien. Adieu.

OCTAVE, long-temps après que Valcour est sorti.

Le pauvre homme!

FIN DU PREMIER ACTE.

ACTE SECOND.

SCÈNE I.

D'OSMOND, MADAME D'OSMOND.

MADAME D'OSMOND.

Oui, j'aurai cette place indubitablement:
Je me carre déja dans mon département.
Convenez que Valcour fait pour vous quelque chose,
Et qu'il se prête bien à ce qu'on se propose.
Oui, mon frère est charmant.

D'OSMOND.

Moi, je ne conviens pas
De ce qu'il est, autant que vous en faites cas.
Je vois sans m'aveugler ce que ceci me coûte,
Et les fruits d'un hymen trop imprudent sans doute,
Ma fille mariée à quelque aventurier;
Car votre frère enfin a-t-il d'autre métier
Que celui qu'à présent ici je lui suppose?
Et pour surcroît de maux, et pour la même cause,
Mon fils abandonné, perdu, sans autre tort
Que d'avoir au hasard abandonné son sort.
Oui, le premier effet d'une union frivole
Est de mes deux enfants le malheur qui m'isole.
L'hymen, quoi qu'il en soit, est trop cher à ce prix,

2

Valût-il tous les biens que vous m'avez appris,
Surtout quand ces faveurs, qu'on a peine à comprendre,
Sont de celles qu'on risque en voulant trop attendre.
Je me lasse à la fin d'attendre et d'aspirer
Sans parvenir à rien.

MADAME D'OSMOND.

C'est assez d'espérer.
Pressez par la faveur un succès difficile.

D'OSMOND.

Moi! que j'intrigue encor?

MADAME D'OSMOND.

C'est là le grand mobile.
Faites-vous des amis chez les grands. Aux journaux
Intriguez, pour avoir des articles bien faux,
Bien louangeurs. Chez vous, par un usage antique,
Ayez à vos dîners un auteur romantique.
Dans vos discours souvent insinuez de biais
Ce genre romantique innocent et niais,
Mais utile pourtant à délivrer la France
D'une littérature ennuyeuse et qui pense.
Nous étions autrefois les martyrs des auteurs,
Et ces petits messieurs, ennuyeux détracteurs,
Sur le moindre défaut nous raillaient d'importance;
Mais on ne raille plus, on rêve... ou bien l'on danse:
On amuse aujourd'hui par un autre moyen;
En effet, c'est charmant, car on n'y comprend rien.
Comme un autre vantez le vague et les nuages;
Perdez-vous dans des cieux de natures sauvages.
C'est en prenant des gens et le goût et l'esprit,
Et c'est en les flattant qu'enfin on réussit.

D'OSMOND.

Je ne saurais me faire à ce nouveau supplice
Et des auteurs manqués devenir le complice.

MADAME D'OSMOND.

Voici mon frère.

SCÈNE II.

D'OSMOND, MADAME D'OSMOND, VALCOUR.

VALCOUR.

Amis, je viens vous révéler
Un succès qui d'abord tarde à se déceler,
Mais il est sûr, très-sûr, ou ma lettre me passe;
C'est une préfecture et de première classe;
Et la preuve des soins que pour vous j'ai remplis,
C'est l'effet merveilleux dont je les vois suivis,
Le succès... le crédit étonnant qu'il vous donne,
La foule dont l'éclat déja vous environne.
C'est une aise! un plaisir!... Il ne vous reste plus
Qu'à voir comment par vous ces dons seront reçus.

MADAME D'OSMOND.

Je prépare le plus charmant genre de vie,
Et me suis arrangée un train à faire envie,
Un état de maison, un ton suave et doux,
Un peu triste il est vrai, mais le plus frais de tous.
Il me faut des amis dans des classes titrées,
Des soupers fins suivis de nombreuses soirées,
Une loge au spectacle où des plus doux accords
J'aille entendre les sons, ou bien voir les *décors*.

A la campagne, au gré d'un goût mélancolique
Je m'amuse à meubler un vieux château gothique.
Vous en respecterez les tours et les créneaux,
Et ferez en ogive arrondir les arceaux;
Quand nous aurons du monde, et le soir sur la brune
Nous prendrons au bel air de charmants clairs de lune.

D'OSMOND.

Oh! vous êtes folle.

VALCOUR.

Oui. Madame cède un peu
Dans son goût romantique à l'excès d'un beau feu.
Mais vous, dans l'embarras d'un succès difficile,
Dans ce parti voyez Préval, Melcour, Sainville;
Ces rêveurs tout-puissants disposent des emplois,
Et du vide au solide ils passent quelquefois.
Il vous les faut avoir; je vous les recommande.

D'OSMOND.

A flatter ces messieurs, qui? moi! que je descende?
Qui? moi! que je m'abaisse à flatter les erreurs
De gens déja flétris et suspects pour leurs mœurs?
Non, ce qu'il faut d'effort dans ce vil artifice
Serait de ma fierté le premier sacrifice.

VALCOUR.

Avez-vous obtenu pour moi, pour un ami,
Ces lettres de change et ces papiers?

D'OSMOND.

Les voici.

VALCOUR, à part.

(Haut.)

Éloignons-nous. Fort bien, et je vous en rends grace.

SCÈNE III.

MADAME D'OSMOND, ÉTHELVINA, VALCOUR, D'OSMOND.

VALCOUR.

Ah! mon Éthelvina.

D'OSMOND.

Comment, elle vous chasse?

VALCOUR, haut.

(A part.)

Non pas, certes. Voyons ce qu'Octave m'a dit.
Un anneau doit marquer celle dont il s'agit.

(Il baise la main d'Éthelvina et trouve une bague à son doigt.)

(Haut.)

Sauvons-nous. Elle sait qu'elle m'est des plus chères,
Mais avant le plaisir je suis tout aux affaires.

SCÈNE IV.

MADAME D'OSMOND, ÉTHELVINA, D'OSMOND.

ÉTHELVINA.

Quelle réception! il me perce le cœur.
Méritais-je d'aigrir sa cruelle froideur?

D'OSMOND.

Elle m'étonne un peu.

MADAME D'OSMOND.

Valcour est excusable.
Les affaires en font un homme indispensable.

ÉTHELVINA.

Hélas! à ses serments j'ai pu m'accoutumer;
Je n'ai plus qu'à mourir s'il cesse de m'aimer.

SCÈNE V.

MADAME D'OSMOND, D'OSMOND.

D'OSMOND.

Pauvre enfant!... elle souffre et fait bien de se plaindre.
Voici l'autre... A vos yeux pourra-t-il se contraindre?
Écoutons.

SCÈNE VI.

OCTAVE, D'OSMOND, MADAME D'OSMOND.

OCTAVE, déclamant.

Démentez ce titre tout puissant
Dans mes regards écrit, sur mon front renaissant.
De mon sein soulevé sa voix qui vous accable,
Mortels, lance sur vous l'anathème implacable :
« Je suis roi : mon empire est mon cœur : et le temps
« Fait mes droits; c'est du sang des rois que je descends!»

D'OSMOND.

Vous déclamez?

OCTAVE.

Monsieur! je déclame? peut-être
Un sentiment plus vrai de mon cœur est le maître.

D'OSMOND.

Vous êtes roi?

OCTAVE.

Roi? non.

D'OSMOND.

C'est qu'au moins je serais
Fier d'être votre père!

OCTAVE.

Oh! vous avez des traits.

D'OSMOND.

Bon! vous avez toujours quelque chimère en tête.

OCTAVE.

Chimère? vous voilà.

D'OSMOND.

Pour l'hymen qui s'apprête,
C'est votre belle-mère enfin qui vient vous voir.
Parlez-lui. Ne songez qu'à la bien recevoir.

SCÈNE VII.

OCTAVE, MADAME D'OSMOND.

MADAME D'OSMOND.

Monsieur se plaît à vivre en ces lieux, solitaire?

OCTAVE.

C'est moi de les aimer que rien n'a pu distraire.

MADAME D'OSMOND.

Rien. Le monde?

OCTAVE.

Non plus ne saurait me charmer.

MADAME D'OSMOND.

Il ne vous offre rien que vous puissiez aimer?
La raison?

OCTAVE.

Je ne sais. Voyez plutôt vous-même.

MADAME D'OSMOND.

Hélas! c'est, je le vois, le désert quand on aime.
Octave?

OCTAVE.

Madame.

MADAME D'OSMOND.

Eh quoi! c'est vous?

OCTAVE.

Vous, ici,
Madame?

MADAME D'OSMOND.

De ma faute, eh quoi! coupable aussi?

OCTAVE.

C'est moi, de vos malheurs l'auteur involontaire,
Moi, conduit dans ces lieux par un destin contraire,
Pour voir aux mains d'un autre un objet adoré,
Malgré vous, malgré moi sans doute rencontré.
Plaignez-vous; mais enfin j'ai quelque droit peut-être
A réclamer un cœur dont vous m'avez fait maître.
Épouse de mon père, écoutez votre amant
Rappelant tous les droits de ce fatal moment.

MADAME D'OSMOND.

Ah! que me dites-vous? quelle lumière affreuse
Jette sur mes destins votre flamme envieuse?
Un seul moment, cruel! peut-il fonder vos droits?
Quel moment! dans quel trouble, ô ciel, je me revois!
Le désespoir, la force, un jour de violence,
Ce jour de votre part suivi d'un long silence,

Prévaut-il sur l'hymen fondé sur une erreur
Dont une nuit profonde a dérobé l'horreur?

OCTAVE.

Vous ne le saviez pas?

MADAME D'OSMOND.

Vous le saviez, barbare!
Et venez me chercher?

OCTAVE.

Non. Cet instant répare
Les tourments dévorés dont j'ai long-temps gémi;
De mon féroce amour c'est là le dernier cri.
Je reprends mon empire.

MADAME D'OSMOND.

Et moi! mon innocence.
Vous me rendrez, Octave, avec moins d'imprudence
Qu'on ne vous les remit, mes lettres.

OCTAVE.

Mes serments
On me les rend, Le calme est rentré dans mes sens.
J'essaierai dans le cours d'une vie orageuse,
A retrouver la paix d'une ame aventureuse;
Par l'orage excité je monterai plus haut,
Jeté sur quelque écueil où luira mon tombeau.

MADAME D'OSMOND.

Octave, il faut chercher dans un hymen durable
L'oubli d'un souvenir stérile, inexorable.

OCTAVE.

Moi! l'hymen après vous?

MADAME D'OSMOND.

Après moi le bonheur;

Un repos assuré sur l'ancre de l'honneur.

OCTAVE.

Non. De changer mon sort l'effort est inutile;
J'ai déja fait l'essai d'un bonheur difficile.
Ce n'est pas qu'en effet constamment malheureux
Et condamné d'avance au sort le plus affreux,
Du triste isolement de ma langueur souffrante
J'attende des humains la pitié consolante.
Eh! qu'attendre à la fin qu'amertume et douleur
D'un sort si mal compris, si différent du leur.
Le vulgaire intérêt qui suit mon existence
M'a de nombreux amis voué l'indépendance,
Non de ceux que l'on voit, sur la terre honorés,
La surcharger du poids de noms dégénérés,
Mais des amis ardents, jeunes, souffrants, sensibles,
Révoltés sous les lois de destins inflexibles;
Objet désespéré de leurs soins malheureux,
Ils pleurent comme moi, je souffrirai comme eux.

MADAME D'OSMOND.

Le roseau se relève, Octave, après l'orage;
Et tout change: espérez.

OCTAVE.

J'espère en mon courage.

SCÈNE VIII.

PALMER, OCTAVE, ROMUALD, WESTMANN.

PALMER.

Ami, bonjour.

OCTAVE.

A tous.

ROMUALD.

Te voilà?

WESTMANN.

Solitaire,
Loin du monde, occupé toujours de quelque affaire?
Des noces de ta sœur le château retentit,
Et Valcour est l'époux auteur de tout ce bruit.
Prends garde, il fut à nous, et pourtant n'est qu'un traître;
En amitié perfide, en amour il peut l'être.
Je t'en préviens, vois-tu, car je regretterais
De te voir par sa faute attirer certains traits.
Toi, d'un vil intrigant détourner les outrages
Sur un nom désormais certain de nos suffrages;
Avec tant de vertus, d'audace, de talents
Qui t'ont de notre estime attiré les élans.
Tu t'étonnes, mon cher, l'encens dont tu t'irrites
Est cent fois au-dessous de ce que tu mérites.
Jamais sans ton courage aurions-nous entrepris
L'œuvre dont aujourd'hui nous recueillons les fruits?
Notre système, ami, croît et se développe,
Maître d'un coin du monde, et bientôt de l'Europe.
Ce réseau sur la terre en étendant ses fils
S'insinue et partout nous gagne des amis.
Il m'effraie et déja grandit plus formidable
Que ces vains monuments élevés sur le sable,
De la société ridicule tréteau
Où nous devons porter la hache et le marteau.
Piltz est à nous; Wolfen, malgré la sentinelle,

Capitule; Spielzberd m'en apprend la nouvelle.

OCTAVE.

Spielzberd un brave! allons, bien! Mais ne croyez pas,
Amis, me charger seul de mes lauriers ingrats.
Ce que j'ai fait pour vous, vous en avez la gloire,
Je n'ai que partagé l'honneur de la victoire;
Je vous dois mes talents, j'ai grandi sous vos yeux;
L'amitié rend peut-être un homme égal aux dieux.

PALMER.

Tu naquis un héros, servir est ton partage,
Ce n'est pas un forfait pour toi, c'est un outrage.
Tel d'un sceptre vulgaire hérite au rang des rois
Qui n'a pour l'usurper tes talents ni tes droits.
Ton ame eût commandé, né dans le rang suprême,
Et caché tes chagrins d'un triste diadême.
Tu le braves; c'est bien : mais qui forgea les fers
D'un secret fait lui seul à dompter l'univers,
Si tu n'es pas un dieu?

ROMUALD.

Dans ton ame héroïque
Oui, qui porta ce feu créateur prophétique?
J'ai souffert, murmuré, je n'ai su qu'obéir,
Et toi seul de nos fers as pu nous affranchir.
Ton génie est un dieu qui déploya ses ailes
Pour nous faire habiter des régions nouvelles.

WESTMANN.

Bannis, persécutés, déshérités de tous,
Comme à son premier-né l'univers est à nous.
Qui nous l'a fait?

OCTAVE.

Un rêve. Une nuit en silence
D'un auteur dans mes mains un livre prend séance.
« *Les brigands.* » A ce titre, aux pièces du procès
Je n'en crois pas pourtant les héros plus mauvais
Que tels qu'à nos respects le monde offre sans cesse
Sous le pompeux éclat qui cache leur bassesse.
On les donne; j'accours. Au théâtre je vois
Le crime et les remords, aux prises cette fois,
Épouvanter mes yeux d'une leçon profonde,
Et le contraire en tout du spectacle du monde;
D'honnêtes scélérats, de faux honnêtes gens,
Et la vertu s'armer pour punir des méchants.
Des châtiments du ciel les mains dépositaires
Sans relâche exerçaient ses vengeances sévères.
J'avais souffert long-temps dans mon orgueil blessé;
Vous savez tout: dès-lors mon destin fut fixé.

ROMUALD.

Et le nôtre! il est beau de combattre le vice.
Va donc pour les brigands vengeurs de la justice!

OCTAVE.

Tu te trompes, mon cher, réprime cette erreur.
Les brigands sont pour nous des gens tout pleins d'honneur.

ROMUALD.

Oui, mais avec ces noms fort éloquents sans doute,
Sous quel ciel étoilé prenons-nous notre route,
Afin de toucher terre; et que sont tous ces plans
Toujours bien concertés, et le jouet des vents?

OCTAVE.

Qu'a fait Spielzberd dans Piltz, et de ses émissaires

Qu'obtenons-nous d'amis dans ces lieux, et de frères?

WESTMANN.

Deux conseillers, un prêtre, une université;
L'âge se prête moins à notre autorité,
Quelques vieillards pourtant, même une demoiselle,
Qui prétend s'échapper de l'aile paternelle.

OCTAVE.

Unis! et, croyez-moi, la victoire est au bout.
La patience au sage arrive et mûrit tout.

WESTMANN.

A ta sincérité le ciel doit cette épreuve.
Il s'essaie à lutter dans une ame encor neuve,
Mais il amène enfin au jour prémédité
Le moment du courage et de la fermeté.

SCÈNE IX.

PALMER, OCTAVE, SULZER, ROMUALD, WESTMANN.

SULZER.

Eh bien! Valcour au port vient de faire naufrage.
Il plante là ta sœur le jour du mariage,
Et vient de décamper.

OCTAVE.

Que me dis-tu? Ma sœur!...
Non, je ne puis le croire... Amis, quelle noirceur!

WESTMANN.

N'avait-il pas déja trompé notre espérance?
Il fallait lui montrer bien moins de déférence.

Le malheureux! ingrat, traître envers l'amitié,
Devait-il seulement mériter la pitié.
Avec combien de honte étalant son injure,
S'est-il fait avec nous gloire de sa rupture?
De tout homme de bien ennemi déclaré,
Et portant comme un poids un joug pour nous sacré;
Homme des plus légers à citer dans le monde,
Et promenant partout sa bassesse profonde.

OCTAVE.

Je sais de nos traités les principes secrets,
Et s'il faut l'en punir... Malheureux! je l'aimais.

FIN DU SECOND ACTE.

ACTE TROISIÈME.

SCÈNE I.

OCTAVE.

Rien ne nous est caché; j'en ai la confidence.
Parti pour Olfingen; sans faire résidence,
Je le crois... Voyons donc la distance et les lieux,
Sur la route.

(Il s'approche d'une table où se trouvent des livres et une carte de géographie ouverte.)

Vilfort, Bron, et devant mes yeux
Point d'autres. Olfingen ici, ville frontière;
Et la terre à mes yeux s'ouvre là tout entière.
Je puis prendre la Saxe ou le Palatinat,
Et des douze électeurs envahir quelque état.
Worms s'offre à mes regards, grande et superbe ville;
De Vienne jusque-là, combien? cinquante mille.
Superbe capitale! et de nombreux soldats
Il faudrait l'assiéger. Ce sont pompeux états,
Une terre excellente; et joint à la province,
Cela peut faire un trône en tout digne d'un prince.
C'est engageant; surtout quand on est caution
Qu'on peut avoir cela rien qu'avec du canon.
Mais, où donc est Valcour... Par ma foi, je m'égare
Dans les rêves nouveaux de mon état bizarre:

Je suis mal à ma place; il en faut convenir;
Et né pour commander cet état doit finir.
Je sens là comme un poids... un malaise invincible,
Né d'un état de gêne et d'un cœur trop sensible.
Et mon père me raille! et l'on veut me priver
Du sentiment profond qui tend à m'élever!
Attendez.., et jaloux du rang où je me place,
Mesurez mon essor sans en juger l'audace.

SCÈNE II.

OCTAVE ROMUALD.

OCTAVE.

Valcour quittant ma sœur pour la déshonorer
Nous flétrit de l'affront qu'elle daigne ignorer.
C'est à nous dont le pacte interdit toute offense,
A déployer sur lui sa sévère vengeance.

(Il lui remet une lettre.)

Pour Olfingen de suite... Il le faut ramener
Avant qu'il ait plus loin pris soin de s'éloigner;
Nos amis dans ces lieux te prêteront main-forte.
S'il n'était qu'en chemin, pour l'avoir de la sorte,
Nous avons dans Vilfort, Makc, Albéric, Edwins,
D'autres amis dans Bron et lieux circonvoisins.
Mais toi seul peux guérir ma blessure cruelle.

ROMUALD.

Laisse-donc; le temps vole, elle saigne... du zèle!

SCÈNE III.

OCTAVE, D'OSMOND.

D'OSMOND.

Enfin donc je vous trouve, et du château seigneur,
De vous y rencontrer votre père a l'honneur.
Saurai-je le motif de cette humeur sauvage
Qui nous prive en tous lieux de votre voisinage,
Ici comme à la ville, autre part comme aux champs,
Et borne votre course aux plus beaux de vos ans?
Votre sœur se marie et l'on vous voit à peine
Approcher des amis dont la maison est pleine.
J'ai pris dans ma détresse une épouse autrefois,
Jamais je ne vous vis l'applaudir de mon choix,
Depuis lors étranger, vagabond sur la terre,
Autant qu'au genre humain vous m'avez fait la guerre,
Mon fils!

OCTAVE.

Monsieur?

D'OSMOND.

Eh bien, n'expliquerez-vous pas
L'étrange égarement dont votre père est las?

OCTAVE.

Je l'avouerai, battu, froissé d'un long orage,
J'ai dû, fuyant le monde, éviter mon naufrage.
Des jeux de votre hymen étrange spectateur,
Je vois d'un œil chagrin les noces de ma sœur;
Vous savez dès long-temps quelle triste inconstance
Disposa de mes jours pour une autre existence.

D'OSMOND.

Je vous vois à regret le funeste penchant
D'approuver votre faute en vous la reprochant.
Fuir le monde! et pourquoi?

OCTAVE.

Monsieur, que vous dirai-je?
Si j'ai de le blâmer le triste privilége,
Est-ce ma faute à moi? Ce que je sais, hélas!
C'est en cherchant la paix que mon cœur ne l'a pas.

D'OSMOND.

Vous?

OCTAVE.

Moi. Je vous surprends. Vous condamnez de même
De mes profonds dégoûts le flétrissant système.
Eh bien, pour m'en blâmer, condamnez donc aussi
Les vices, dont l'accord s'est contre vous uni,
L'un, hardi corrupteur s'insinuant dans l'ombre,
Qui de ses lâchetés ne peut compter le nombre;
Cet infidèle ami, tortueux scélérat,
Qui, comblé de vos dons, n'est pour vous qu'un ingrat,
Et de son bienfaiteur déshonore la fille;
Le puissant marchandant l'honneur d'une famille,
Qui du même pouvoir qui doit vous protéger
Va prendre insolemment droit de vous outrager.
Plus coupable qu'eux tous est ce fils adultère,
Méditant près de lui la ruine d'un père.
Mais le premier vous-même, ah! vous l'avez trompé,
Ce charme souverain de mon cœur dissipé;
Et d'un second hymen concevant l'allégresse,
Vous vous êtes d'un fils interdit la tendresse.

3.

D'OSMOND.

Il a raison! trop tard je m'en suis aperçu.
Mais enfin, quel rapport de mon hymen conçu
Dans la sage raison à cette plainte amère?

OCTAVE.

Ah! plus sensible au coup qui vous ravit ma mère,
Fidèle à ses regrets vous auriez évité
Plus d'une peine amère et d'une adversité.

D'OSMOND.

Encor!... vous vous plaisez à porter dans mon ame
Le remords... Je l'ai dit, vous n'aimez pas ma femme.

OCTAVE.

Ah! cet aveugle doute est mon plus grand tourment.
Mais laissons et mes maux et votre égarement;
Sans que des démêlés dont vous navrez mon ame
De mes profonds chagrins je ranime le blâme,
N'est-ce donc pas assez, pour révolter mon cœur,
Des désordres publics dont je ressens l'horreur?
Et dans ce sentiment d'irrévocable haine,
N'est-ce donc pas un droit de la nature humaine
Que les vices affreux dans son sein reproduits
Trouvent dans leurs excès leurs véritables fruits?
Voyez-les fièrement étaler dans le monde
De leur ambition la misère profonde;
Voyez-les de pitié pour soulever mon cœur
De leur mépris superbe affecter la hauteur,
Leur bassesse réelle et leur fausse importance.
Dans la perte du goût, des arts, de l'éloquence,
S'élevant un trophée à force de débris,
Sapant les monuments de nos nombreux écrits,

Sans talent pour créer, pleins d'ardeur pour détruire,
Admirez de leur voix le barbare délire,
Ce langage bizarre et par eux en crédit,
Au néant du savoir égalant leur esprit.
Dans le nouveau jargon dont ce siècle se pique,
C'est ce qu'ils ont nommé, je crois, un romantique.
Eh bien, je le serai, je veux l'être; à la fin
Voyons de tant d'erreurs le singulier destin.
Il est juste qu'aussi l'injustice et le crime
Portent de leurs excès l'excuse légitime,
Et dans l'homme, jouet de leur ressentiment,
Trouvent de tant d'erreurs le juste châtiment.
Désormais sans pitié, sans frein, sans bienfaisance,
D'exemples trop réels imitant la licence,
Je m'institue au sein de la société
De ses débordements le soutien redouté;
Déguisant en vertus mon sauvage égoïsme,
Meurtrier par devoir, brigand par héroïsme;
On m'y force : eh bien donc! la vengeance est ma loi,
Le talion, la dure équité, mon emploi.

D'OSMOND.

Quel fruit de tant de soins donnés à sa jeunesse!
Je l'avais bien prédit, quel poids pour ma vieillesse!
Mon fils, du déshonneur braver le sentiment!
Où l'avez-vous donc pris cet endurcissement?
Il n'est pas dans votre ame.

OCTAVE.

Eh bien! je vous l'atteste,
Constamment malheureux, c'est un dégoût funeste,
Le plus profond ennui des autres et de moi,

Et vous-même en secret m'approuverez, je croi.
Témoin du mal secret d'un triste et long outrage,
Où vient avec le temps échouer son courage,
Le pouvez-vous blâmer l'homme au-dessus du sort
Qui se fait de sa honte un généreux effort,
Fût-ce chargé du poids d'un terrible anathême
Le fils que votre amour eût condamné lui-même?

D'OSMOND.

Mon fils?

OCTAVE.

Ah! pardonnez, ce mot m'est échappé;
Dans le commun malheur de moi seul occupé,
C'est le cri de détresse... et mon remords l'expie.

D'OSMOND.

Eh bien! soit votre faute ou plus ou moins punie,
Apprenez-le, monsieur, pour être infortuné,
L'homme au crime, au remords n'est jamais condamné.
Témoin des maux cruels qui tourmentent la vie,
Et dont en ses revers son ame est poursuivie,
Des travers des mortels il ne s'excuse pas
Pour se soustraire au bien dont il sent les appas.
On a vu de tout temps des cœurs ingrats, parjures,
L'honnêteté souffrir de mortelles injures,
Et jamais ces revers si doux pour la vertu
N'ont embelli le vice en son cœur combattu.
Vous déplorez du goût les honteuses maximes,
Et des cœurs dégradés les ténébreux abîmes:
Des charlatans du jour vous faites trop de cas;
Leurs écrits sont mauvais; eh! ne les lisez pas.
Grace aux traits imprimés des mains de la nature,

Au fond des cœurs remplis d'une volupté pure,
La vertu, les talents sont des titres divins
Dont rien ne peut jamais dépouiller les humains :
C'est le soleil caché sous un épais nuage
Dont un jour plus brillant fait resplendir l'image.
Voilà sur quel sujet j'ai voulu vous parler,
Et dans vos contre-temps comme il vous faut régler.
Adieu ; mais profitez surtout de ma morale.

OCTAVE.

Ah ! sans chercher ailleurs des scènes de scandale,
J'aurai bientôt sujet d'en faire un autre emploi,
Et puis me contempler encore avec effroi.

SCÈNE IV.

OCTAVE, ÉTHELVINA.

ÉTHELVINA.

Octave !

OCTAVE.

Chère sœur !

ÉTHELVINA.

De te voir je m'empresse.

OCTAVE.

Et toi de mes desirs tu remplis la tendresse.
Eh bien, de ton bonheur que m'apprends-tu ? Valcour
Va voir de ton aveu couronner son amour.
T'est-il cher ?

ÉTHELVINA.

Ah, mon frère !

OCTAVE.

Oui, parle; sois sans crainte.

ÉTHELVINA.

Eh bien...

OCTAVE.

Eh bien?

ÉTHELVINA.

Je l'aime. Oui, je me sens atteinte
Pour lui, je l'avouerai, d'un sentiment bien doux.
N'est-il pas naturel? que de nœuds entre nous?
Valcour auprès de moi semble passer sa vie.
Par lui de mille soins je me suis vu suivie,
Aux champs comme à la ville, entourée en tous lieux;
Et lui de les donner il paraissait heureux.
Bientôt après le coup qui nous ravit ma mère,
Par un nœud plus étroit ta sœur lui devint chère.
Mais toi, tu n'as pas vu tous ces moments si courts,
Emporté loin de nous au printemps de tes jours...

OCTAVE.

Hélas!

ÉTHELVINA.

Dans ces moments, pour calmer ma tendresse,
Il m'a juré souvent qu'il m'aimerait sans cesse,
Et ses traits, ses discours, sa voix pour m'engager
Semblaient de sa promesse écarter tout danger.

OCTAVE.

La pauvre enfant!

ÉTHELVINA.

Crois-moi, je lui fus asservie
Par les nœuds les plus forts, les plus doux de la vie.
Après ce changement Valcour devient pour nous

Plus qu'un frère, un ami; pour moi c'est un époux.
Dans le profond secret qui fait ma destinée
Il semble à mon insu que je lui fus donnée,
Et que mon cœur enfin, pour dégager sa foi,
Ne m'appartienne plus.

OCTAVE.

Qui le sait mieux que moi?

ÉTHELVINA.

Après l'aveu si doux que je te viens de faire
S'il fallait l'oublier...

OCTAVE.

Hélas!

ÉTHELVINA

Hélas, mon frère!
J'en mourrais. Je crains peu ce changement léger.

OCTAVE, à part.

Elle ne sait rien.

ÉTHELVINA.

Non, Valcour ne peut changer;
Cependant je ne sais quel sinistre nuage
D'un douteux avenir cache mon mariage.
Valcour me fuit, m'évite, et lui-même tout haut
Semble le différer.

OCTAVE.

Tu le verras bientôt.

(Octave sort. Un homme armé se présente et poursuit Éthelvina pour l'enlever. Elle fuit en poussant des cris. Octave rentre et du fond de la scène décharge un coup de pistolet sur le ravisseur, qu'il étend à terre de l'autre côté du théâtre. Il est enlevé par deux hommes de la suite de Valcour qui vient d'entrer et qui a tout vu.)

SCÈNE V.

ÉTHELVINA, VALCOUR.

VALCOUR.

Qu'est-ce donc?

ÉTHELVINA.

Je ne sais, quelle peur est la vôtre?
J'étais morte sans vous.

VALCOUR.

Non pas; c'est bien un autre.

ÉTHELVINA.

Dans ce château lointain, de forêts entouré,
Quelque brigand caché s'est peut-être montré.
Mais enfin je vous vois: je n'ai plus rien à craindre;
De votre éloignement si je pouvais me plaindre,
Du plaisir de vous voir mon chagrin s'est enfui.

VALCOUR.

J'en trouve à vous revoir beaucoup moi-même aussi.

ÉTHELVINA.

Mais de votre retard vous me direz la cause.

VALCOUR.

Eh bien, je ne saurais. Lorsque l'on se propose
Un établissement peut-être anticipé,
Il n'est pas étonnant qu'on en soit occupé.
Quel que soit le motif que je doive vous taire,
Je puis vous dire au moins qu'il est involontaire;
Ou quelque objet d'emplette ou divertissement
A servi de prétexte à mon éloignement.

ÉTHELVINA.

Me quitter pour si peu !... Non, vous ne m'aimez guère.
Vous avez oublié combien je vous fus chère.
Indifférent, distrait, votre amour prétendu
N'a plus comme autrefois votre zèle assidu.
Presque avant le moment de notre connaissance,
Vous m'aimâtes, Valcour, au sortir de l'enfance.
Ne vous souvient-il plus de nos plaisirs passés,
Nos retours au château d'embarras traversés?

VALCOUR.

Si je m'en souviens? certe !... A peine je respire.

(A part.)

J'en suis encor glacé... Je ne sais que lui dire.

(Haut.)

Mais malgré les transports d'un tendre souvenir,
D'intérêts plus pressants je dois m'entretenir.
J'ai dans ce moment même en tête mille affaires,
Un hasard du destin qu'on ne retrouve guères.
Je me laisse entraîner... Vous seule, Éthelvina,
Vous êtes le bonheur que mon cœur devina.
D'un transport passager notre amour n'est pas dupe,
Et même en ce moment votre bonheur m'occupe.

ÉTHELVINA.

Vous m'aimez donc encor malgré nos démêlés,
Et nous nous reverrons?

VALCOUR.

Oui.

ÉTHELVINA.

Bientôt rassemblés,

Si vous vouliez pour vous il serait une fête,
Je ne vous en dis rien.

VALCOUR.

Vous êtes satisfaite,
Si mon œil vigilant a pu vous pénétrer.

ÉTHELVINA.

Pourquoi donc, mon ami, si long-temps différer?

VALCOUR.

Qui sait?

ÉTHELVINA.

Vous l'ignorez; moi, je l'attends et pleure.

VALCOUR.

Il faut vous consoler.

ÉTHELVINA.

Quand sera-ce?

VALCOUR.

A toute heure,
Demain.

ÉTHELVINA.

Eh bien, demain vous serez mon époux?
Je vous laisse.

VALCOUR.

On approche; adieu.

ÉTHELVINA.

Songez à nous.

SCÈNE VI.

VALCOUR, SULZER.

VALCOUR, à part.

Quelques instants plus tôt, elle était enlevée,

L'affaire manque à point et veut être achevée.
Voici l'homme.

SULZER.

C'est toi? je te croyais parti
Pour long-temps.

VALCOUR.

Je l'étais : on t'a bien averti.
J'ai fait invasion autour du voisinage,
Et par un prompt retour terminé mon voyage.

SULZER.

Volontiers?

VALCOUR.

Non, forcé.

SULZER.

Forcé!

VALCOUR.

Quelques amis,
Qui dans leurs rangs nombreux m'avaient d'abord admis,
M'ont prié poliment de leur faire la grace
De prendre à mon retour auprès d'eux une place.
Moi, de mon naturel j'aime à faire plaisir
Aux gens qui puissamment expliquent leur desir.
J'en avais jusqu'à vingt sur les bras. Fort du nombre,
Je cède et me retrouve arrivé sans encombre,
Escorté, ballotté, passant de mains en mains :
Tu sais si quelquefois nos amis sont humains?

SULZER.

Quand on l'est. D'où viens-tu? dis: dans quelle embuscade
De tes lâches plaisirs t'a conduit l'ambassade?
Je vois ce qui t'arrive, et tu viens d'échouer

Aux mains de ces amis que je t'ai vu jouer;
Braves toujours armés pour venger l'innocence,
Au moindre cri venu d'alarme et de vengeance.
C'est bien fait. Faible ami ,tu nous avais quittés,
Tu recueilles le fruit de tes iniquités.
Ce désordre, ces mœurs tristement scandaleuses
Sont-elles donc du temps les charges onéreuses?
Ouvrier dommageable, est-ce là la moisson
Des germes de vertus, et des fruits de raison?
Oh! nous, dans nos rigueurs nous ne pardonnons guères
A qui trompa du temps les dettes usuraires.
Part-il? on le dénonce; il vient, nous sommes prêts;
Sans rien voir il est vu; libre il est dans nos rets;
Il veut passer; qui vive? il voit la sentinelle;
S'il avance, il est mort; il est mort s'il chancelle.
Il nous portait la guerre, et la guerre est pour lui;
C'est ainsi qu'on voyage en pays ennemi.

VALCOUR.

Oh! tu pousses toujours les choses à l'extrême.
Le monde, suivant toi, n'est donc plus qu'un système,
Marchant par points réglés vers un but arrêté
Dont, sans se compromettre, on n'est point écarté.
Pour moi, je suis plus franc, plus libre en mon allure;
Nous verrons quels retours suivront cette aventure,
Et de nos francs vauriens les scrupuleux arrêts;
En attendant j'arrive et brusque le succès.
Il est tel, que je veux te le faire connaître;
Et tu n'es pas si sot que de blâmer ton maître.
J'apprends que de ces bords le prince souverain
A d'un bonheur vulgaire un violent chagrin,

Et c'est Éthelvina devenant mon épouse,
Qui produit dans son cœur cette flamme jalouse.
Soit hasard, imprudence, ou tendre égarement;
Le prince est ici près avec un régiment.
Je pars, je me hasarde, et pousse ma fortune.
Je ne suis, tu le sais, Jupiter ni Neptune,
Et me trouverais bien du sort d'Amphitrion,
Ou bien, bornant à moins ma faible ambition,
Je puis me contenter du rôle de Mercure,
Et finir sans éclat ma petite aventure.
Je ne suis, j'en conviens, nullement amoureux;
C'est à l'ambition seule à me rendre heureux.
Il me faut des emplois, de l'or, de la richesse;
Des rois pour m'égaler, des sujets que j'abaisse.
Je vois déja d'ici pleuvoir les millions,
Les places, les congés, les croix, les pensions.
Enfin, pour abréger, toute affaire prévue,
Le prince et la petite auront une entrevue.
Mais une affaire manque et peut tout entraver,
C'est que pour l'obtenir il la faut enlever.

SULZER.

L'enlever! je m'en charge.

VALCOUR.

Eh bien! que te disais-je?
J'espérais doucement t'amener dans le piége,
Et par ton intérêt, t'induire à nous aider;
Il ne veut pas se vendre, il craint de marchander,
Et se rend seulement du plaisir de mal faire.
Nous verrons si l'on brave un puissant adversaire;
Va, dans ma charge un jour je te fais général,

Et des enlèvements directeur principal.

SULZER.

J'espère un jour aussi mériter ton estime
Et te prouver bientôt quel intérêt m'anime.

FIN DU TROISIÈME ACTE.

ACTE QUATRIÈME.

SCÈNE I.

OCTAVE.

Quel prix d'un noble effort à combattre assidu!
Ramper servile esclave, ou tyran corrompu!
Sous le voile trompeur qui cache leur bassesse,
M'endormir avec eux, heureux de ma faiblesse;
Mais plonger avec eux, avec un cœur d'airain,
Au cœur qui s'ouvre à vous un poignard assassin!
Moi, leur victime aussi, devenir leur complice!
Athlète armé contre eux pour entrer dans la lice,
Lorsque d'un bras superbe et d'un pied dédaigneux
Je m'apprête à fouler ce fantôme odieux!
Voilà tout : balayer un nuisible adversaire
Comme le grain du chaume est séparé dans l'aire.
Quel est donc le malheur qui poursuit mon destin,
Qu'il me faille aux hasards d'un péril incertain,
Dans l'austère devoir d'une triste vengeance,
Immoler de mon cœur la noble indépendance?
Dans un plus digne essor quel péril m'eût coûté!
Dans ce champ glorieux rien ne m'eût arrêté.
Je serais roi peut-être un jour; le diadême
Fût pour l'aiglon naissant tombé du rang suprême.

Sur mon front révélés ses rayons immortels
De la terre à mes pieds effacent les mortels,
Et des dieux jusqu'à moi rapprochent l'intervalle.
Quel noir cyprès m'ombrage et quel roseau m'égale!
Mais dans son germe en fleur mon bonheur s'est caché,
Et pour moi d'un seul jour l'univers desséché.

SCÈNE II.

OCTAVE, SULZER.

SULZER.

Du courage!

OCTAVE.

La mort?

SULZER.

C'est plus; c'est l'infamie.

OCTAVE.

Je la brave.

SULZER.

On s'y prête, ou bien on la défie.
Valcour faisait bien plus que de quitter ta sœur,
Au prince souverain il vend son déshonneur.
Eh bien?

OCTAVE, après un long silence.

Dans ses états la ligue est protégée?

SULZER.

Partout. Tu ne dis rien! ta sœur?

OCTAVE.

Elle est vengée.

SULZER.

Tu n'es pas confondu?

OCTAVE.

Non; l'horreur qui t'aigrit
De leur perversité n'est que le digne fruit.
Dans l'étourdissement de leurs plaisirs frivoles,
Leur asservissement à de fausses idoles,
L'exemple dangereux, le langage, les mœurs,
Tout les livre aux excès de leurs goûts corrupteurs.
Eh! qui ne céderait à l'heureuse morale
Des plaisirs qu'établit la honte et le scandale?
Ils vendent tout, ami; le frère vend sa sœur,
L'époux de son épouse est le vil suborneur,
Et l'amitié flatteuse en trompeuses délices
N'est pas chez les humains moins pleine d'artifices.

SULZER.

Et tu les servirais! et tu pourrais encor
D'un sublime génie humilier l'essor,
Pour étayer l'amas de meurtres, de rapines,
Dont l'appui chancelant te cache les ruines.
O toi! sans la vertu, pour tout inaccessible,
Dont l'ame n'aima qu'elle en sa course paisible;
Hélas! par tes efforts nous espérions finir
Le joug dont il est dur de craindre et de rougir.
Tu pouvais à nos cœurs rendre la renaissance
De ces jours regrettés de paix et d'innocence.
Crois-moi, de l'univers les pouvoirs ébranlés,
Le doute des esprits incertains et troublés,
Annoncent les langueurs d'un corps dont la faiblesse
Ploie accablé du poids de sa longue vieillesse.

Ce corps inanimé veut un autre ressort
Et vers de nouveaux jours va prendre un autre essor.
Crois-moi, le monde est vieux, ose frapper, tout tombe;
Dans ses gouffres ouverts creusons-nous une tombe,
Ou, régénérateurs, rejetons-le au creuset.
Le malheur t'a changé.

OCTAVE.

Vois nos amis; sois prêt.

SCÈNE III.

VALCOUR, OCTAVE.

OCTAVE.

Arrête, parle; eh bien, qui t'a pu reconduire?
Je te croyais bien loin.

VALCOUR.

Laisse donc, tu veux rire.
Ce n'est qu'un court trajet que j'ai fait jusqu'au fort:
C'est une promenade.

OCTAVE.

Avec un passeport!
Où veux-tu donc aller?

VALCOUR.

Je vais faire ma ronde.

OCTAVE.

En charge?

VALCOUR.

D'inspecteur. J'ai l'humeur vagabonde;
D'ailleurs tu sais fort bien ce qui m'amène ici?

OCTAVE.

Tu connais donc toi-même un autre maître aussi,
Bien plus puissant que toi. Pourtant quelle conduite
Nous a fait voir l'effet de ce rare mérite?
Lâche ami! quels affronts accumulés sur moi
M'ont déja fait pleurer mon amitié pour toi.
Quoi! reçu, protégé, chéri dans la famille,
Ton amour pour épouse en obtenait la fille,
Et du don de sa main que tu viens d'implorer
Ton amitié s'apprête à la déshonorer.

VALCOUR.

Moi?

OCTAVE.

Tu veux la quitter.

VALCOUR.

Comment?

OCTAVE.

L'excuse est vaine.
J'ai de ta perfidie une preuve certaine.
Tu veux quitter ma sœur, ingrat! et dans tes bras
Son frère d'un affront ne la défendait pas!
Et quelle est cependant sa ressource dernière,
Ainsi déshonorée et sa famille entière,
Lorsqu'un nœud clandestin, gage de votre hymen,
Imprime à ton refus la tache du dédain?
Tu veux l'abandonner après l'avoir flétrie.
Mais c'est peu de l'honneur, de son sang, de sa vie,
Il lui restait un frère, et dans tes bras nourri
Ce frère fut vingt ans ton compagnon chéri.
Sans soupçon du forfait que sa faiblesse implore,

Ingrat! à ta tendresse il s'abandonne encore.
Tiens, perce-lui le cœur! tu finis mes regrets,
Et d'un sein désolé je te devrai la paix.
Mais j'emporte l'horreur d'une mort plus cruelle,
Ma sœur à toi livrée, ah! que deviendra-t-elle?
S'il te reste sur moi quelque chose à braver,
C'est sa honte d'abord que ma main doit laver;
Son hymen est promis, il faut qu'il s'accomplisse,
Et d'elle ou de la mort que ta crainte choisisse.

VALCOUR.

Penses-tu que je veuille encor l'abandonner?

OCTAVE.

Oh! d'un aveu plus grand je pourrais t'étonner.
Tout est épouvantable au fond de cet abîme,
Et je n'ai dévoilé que la moitié du crime.
Mais il ne tient qu'à moi de te faire rougir
De l'infaillible aveu que je dois obtenir.

VALCOUR.

J'attends de ce secret ce que je dois connaître.

OCTAVE.

Ma bouche se refuse à l'horreur qu'il fait naître.
Ou prends ma vie ou meurs. Mais j'ai pitié de toi:
Va, nous nous reverrons; et chassant tout effroi,
Ajoute: dans tel lieu qu'il te plaira d'admettre,
Crois-tu qu'il fût un homme assez bas, assez traître,
Pour qu'au vil intérêt dont il fut animé
Il pût trahir un cœur dont il serait aimé.

VALCOUR.

Dans telle occasion ou plus ou moins pressante,
Pour joindre à sa fortune un million de rente,

Et contre les hasards d'un péril présumé,
Pour garantir les jours de cet objet aimé;
Oui, cela se pourrait.

OCTAVE.

Et je te laisse juge,
Si dans l'occasion d'un pareil subterfuge,
Le prince ou tel auteur d'un semblable attentat
En moi de ses bienfaits trouverait un ingrat.
Mais de mon infortune, ici, tu n'as que faire;
Que je la venge ou non ce n'est pas ton affaire.
Quant au dernier devoir qu'il te reste à remplir,
Tu sais par quel lien j'ai dû t'appartenir?
Pour l'hymen de ma sœur c'est sur toi que je compte,
Ou, tu m'as vu tirer une vengeance prompte;

(Montrant le lieu de la scène où un agent de Valcour a été tué.)

Tu n'as pas deux instants à lui survivre: sors.

VALCOUR.

Quoi! ce n'est que cela? va, je suis sans remords.
Sois donc moins agité, tranquille, et point d'esclandre;

(A part.)

Elle est bien mon épouse. Adieu; je cours la vendre.

SCÈNE IV.

OCTAVE, MADAME D'OSMOND.

OCTAVE.

Je vous ai fait prier de vouloir m'écouter.
J'ai desiré vous voir.

MADAME D'OSMOND.

Je dois vous redouter ;
Seule.

OCTAVE.

Il n'en est plus temps. Il faut que je vous quitte.
Ma triste inquiétude à ce parti m'invite.

MADAME D'OSMOND.

La résolution m'étonne...

OCTAVE.

Calmez-vous ;
Vous apprendrez mon sort. Dans des moments plus doux,
Vous saurez que, présente à ma mélancolie,
De votre souvenir mon ame fut remplie,
Et que l'idée enfin de vous appartenir
Dans chacun de mes pas aide à me soutenir.

MADAME D'OSMOND.

Octave, croira-t-on qu'une erreur volontaire
Rend votre éloignement aujourd'hui nécessaire;
Que d'un père irrité vous arrachant l'appui,
J'élève une barrière entre son fils et lui?
Vous ne partirez pas si vous m'aimez encore.

OCTAVE.

Quand vous ne m'aimez plus, qu'importe où l'on m'ignore!
Hélas! que des regrets évitant les retours,
N'ai-je pu près de vous passer ici mes jours;
Et près de vous heureux dans un état tranquille,
N'attendre mon bonheur que d'un destin facile?
Mais d'un malheur sans fin jouet infortuné,
Pour un destin étrange il faut que je sois né,
Ou le ressentiment d'une injure cruelle

Tout entier me réclame et loin de vous m'appelle.
On m'y force, il est vrai, mais je serai vengé,
Et châtiment jamais ne fut mieux ménagé.
Il pourra m'en coûter, il peut m'être funeste;
N'importe!

MADAME D'OSMOND.

Ah! vous voulez mourir, tout me l'atteste;
Votre père par moi va donc être averti.

OCTAVE.

Mon père! de ce nom vous n'avez pas frémi?

MADAME D'OSMOND.

L'arrêt est, je le vois, sans doute irrévocable.
J'ai mis à mon bonheur la borne insurmontable.
Nulle félicité ne mûrit sous le ciel.

OCTAVE.

Vous l'avez éprouvé?

MADAME D'OSMOND.

C'est un destin réel.
Tout ne naît ici-bas que pour mourir bien vite;
Nous n'aimons quelqu'objet que pour le perdre ensuite.

OCTAVE.

Quelqu'objet de vos pleurs vous serait rappelé?
En est-il digne au moins?

MADAME D'OSMOND.

Il vous eût ressemblé...
Si vous l'aviez connu tel qu'encore il respire!

OCTAVE.

Je l'aurais envié.

MADAME D'OSMOND.

Chéri, voulez-vous dire!

Vous l'auriez tant aimé! je le revois encor
De la vie à mes pieds épuiser le trésor,
Présent à mes soupirs me prodiguer son ame;
A ma bouche attaché son cœur était de flamme,
Et les fleurs pour se joindre à nos ravissements,
Heureuses renaissaient des pleurs de deux amants.

OCTAVE.

Il n'est plus?

MADAME D'OSMOND.

Embarqué sur la mer orageuse,
Il partit. De l'amour la flamme malheureuse
L'y suivit. Sur les monts, sur les rochers errant,
Pour garantir ses pas d'un ciel étincelant,
L'amour de frais gazons couvrait les monts arides,
Les vents battaient sa tête, et des marais humides
La soif pressait ses pas; sous l'orage et les vents,
L'amour dans la tempête endormait ses tourments.
Et les mers, et les monts, et les lointaines cimes
Aujourd'hui sous nos pas entr'ouvrent des abîmes;
Mais loin de sa prison l'ame habite un séjour
Où le ciel unira ceux qu'unissait l'amour.
Octave, d'un chagrin le songe vous oppresse.

OCTAVE.

L'amour a de l'amour ranimé la tendresse.

MADAME D'OSMOND.

(A part.)

Vous en aimez une autre?... O ciel! ah, qu'ai-je dit?

OCTAVE.

Elle m'avait cru mort; c'est pour moi qu'elle vit.
M'immolant le repos que j'ai cherché loin d'elle,

Elle me sait vivant et m'est resté fidelle.
Elle a su que j'errais au milieu des déserts,
Fugitif, vagabond; au rivage des mers,
Dans le désert profond, sa pitié m'encourage:
Elle vole après moi dans la honte et l'outrage;
Et cet ange de paix, ce dieu consolateur
De ma plus tendre amie a le nom protecteur;
Le vôtre.

MADAME D'OSMOND.

A son destin combien je porte envie.

OCTAVE.

Ah, ne l'enviez pas! oh! quoique mon amie,
Elle est bien malheureuse. Elle n'a d'autre amour
Que celui d'un mortel égaré sans retour,
Et jamais et durant des siècles de souffrance
Ne doit de son amour accomplir l'espérance.

MADAME D'OSMOND.

Non; dans le ciel peut-être il sera couronné.
N'est-il pas un séjour, un lieu plus fortuné
Où des cœurs affligés les chagrins disparaissent,
Où des amis en pleurs les traits se reconnaissent?

OCTAVE.

Oui, le monde caché dans la nuit du tombeau,
Où de la vérité s'écarte le rideau,
Où des cœurs qui s'aimaient la vue est plus affreuse.
Oh, combien mon amie, hélas! est malheureuse.

MADAME D'OSMOND.

Malheureuse, et pourtant digne de votre amour.

OCTAVE.

Malheureuse d'aimer sans espoir de retour.

Désormais revenu de tout rêve de gloire,
Si je n'osais sans honte en bannir la mémoire;
Si je pouvais vous peindre, au gré de mon desir,
Pour une larme un meurtre, une mort par soupir,
Oh, que près des remords qui déchirent mon ame
Mon amie est encor bien malheureuse femme!

MADAME D'OSMOND.

Oh! combién de mon sort le sien est différent:
Le jour n'a pas l'éclat du cœur de mon amant.
Son cœur est aussi loin de l'atteinte d'un crime
Que du sommet du jour de la nuit n'est l'abîme,
Que mon cœur d'un parjure... ou que tu l'es de moi.

OCTAVE.

Épouse de mon père, eh bien, je suis à toi!

MADAME D'OSMOND.

Malheureux!... je le vois, mon malheur est extrême.
Il faut nous séparer.

OCTAVE.

Madame, à l'heure même.

MADAME D'OSMOND.

Hélas! et ce matin vous m'étiez inconnu,
Et seulement encore un jour je vous ai vu!

OCTAVE.

Peut-être un jour plus tard je partirais coupable.

MADAME D'OSMOND.

Non, d'un pareil oubli vous n'êtes pas capable.

OCTAVE.

Ah! d'amour jusqu'au bout voulez-vous m'enivrer?
Dans l'abîme avec moi vous faut-il égarer?
Et d'écueils en écueils vous jouant dans l'orage,

Accompagner ma perte et suivre mon naufrage?

MADAME D'OSMOND.

Oui, s'il y faut périr, oui, je suivrai ton sort.
Parle; quelle pensée et quel danger de mort?

OCTAVE.

Aucun. De mes instants j'ai fait un noble usage.
Laissez-moi seulement déployer mon courage;
Ou me suivre, ou partir, madame : éloignez-vous.

MADAME D'OSMOND.

Quels adieux! dans ta bouche... étaient-ils faits pour nous!

OCTAVE.

Recevez-les, d'Osmond, d'une ame sans reproche,
Et laissez-moi parler à ma sœur qui s'approche.

SCÈNE V.

ÉTHELVINA, OCTAVE.

OCTAVE.

Dans cet embrassement console mes douleurs.

ÉTHELVINA.

Au baiser fraternel, quoi! tu mêles des pleurs?

OCTAVE.

J'ai mes peines aussi.

ÉTHELVINA.

Mon frère, j'ai les miennes.
Sans attrister mon cœur d'alarmes incertaines,
Imite ma gaîté; jouis de ce tableau
Plus doux pour ton bonheur.

OCTAVE.

Oui, ce jour est bien beau!

Je connais ton amour; tu jouis sans alarmes
D'un bien dont rien encor n'a dissipé les charmes;
Mais il faut aujourd'hui t'expliquer sans détour,
Juge-toi : ne peux-tu te passer de Valcour?
A soi-même à ce point si ton ame est ravie,
Jure-le par le ciel.

ÉTHELVINA.

Mon frère, c'est ma vie!
Je l'ai dit; tu le sais : pourquoi m'importuner
D'un aveu dont l'ardeur semble encor t'étonner?

OCTAVE.

Il sera ton époux; et ton époux fidèle.

ÉTHELVINA.

Devrai-je à ce présage une triste nouvelle?
Mon bonheur m'épouvante. Oui, me trahirait-il?
D'où naissent vos soupçons et ce détour subtil?

OCTAVE.

Ma sœur, il est souvent des ames bien parjures,
Dont les traits sur un cœur plaignent peu leurs blessures;
Mais ton bonheur enfin, ton sort ne peut changer
Si ton frère y préside et veille à ton danger.
Adieu.

SCÈNE VI.

ÉTHELVINA.

De cet adieu je ne suis pas contente.
Il a quelques soupçons. Oui, contre mon attente
On traverse un hymen trop long-temps différé,
Et le voile aujourd'hui doit être déchiré.

SCÈNE VII.

VALCOUR, ÉTHELVINA, D'OSMOND.

VALCOUR.

Oui; sur les trois pour cent, dix mille écus de rente;
De dix à quinze ou vingt, la bourse ferme à trente.

D'OSMOND.

Mais c'est prodigieux!

VALCOUR.

Ah, vraiment!

ÉTHELVINA.

Vous voici?

VALCOUR.

Je ne sais plus quel tour va prendre tout ceci.

ÉTHELVINA.

Vous ne m'écoutez pas. Vous entendrez mes plaintes,
Monsieur, sur un sujet des plus pressantes craintes.

D'OSMOND.

Elle a raison.

VALCOUR.

Voyez; trente de quinze à dix!

ÉTHELVINA.

Vous vous expliquerez; vous direz votre avis
Sur le projet formé de rompre un mariage
Dont tout jusqu'à ce jour nous rendit témoignage.

D'OSMOND.

Sur le sujet qui fait la contestation
Vous lui devez, mon cher, une explication.

ÉTHELVINA.

Vous parlerez, monsieur, ou perdez l'espérance
Que jamais je pardonne à votre indifférence.

VALCOUR.

Eh, d'accord! je consens d'avance à confirmer
Les nœuds qu'à ce bon père il a plu de former.
Mais cet hymen pourtant admet quelque prudence
Dont je veux bien ici vous faire confidence.
Le prince est ici près. J'avais de sa ferveur
Pour vous de quelque grace obtenu la faveur.
Le soin de la régler me demande en personne,
Et m'exclut des plaisirs dont l'hymen s'environne.
A d'autres soins encor je devais me livrer
Pour les nouveaux emplois où je dois aspirer;
Il me faut intriguer pour votre préfecture,
Et m'assurer des voix pour ma candidature.

ÉTHELVINA.

Ah! Valcour, c'en est fait, vous me regretterez.

D'OSMOND.

Par vos froideurs, mon cher, vous la désespérez.
Vous nous payez toujours de nouvelles dispenses,
Et c'est trop escompter en avares dépenses;
Mais il vous faut enfin...

VALCOUR.

Non, je l'aime au transport.
Ah! contre vos assauts me voici du renfort;
De braves gens!

SCÈNE VIII.

D'OSMOND, VALCOUR, SULZER, PALMER, ROMUALD, WESTMANN.

VALCOUR.

Venez, messieurs, qu'on vous présente
Au cher monsieur d'Osmond.

SULZER.

Faveur bien séduisante.
Pour un homme d'honneur monsieur nous est connu.
De respects enchanté!

ROMUALD.

Pénétré!

WESTMANN.

Confondu!

SULZER.

Ambitieux Valcour, eh bien, quelle nouvelle?
La place où tu prétends enfin t'appartient-elle?
Et dans plus d'une charge, habile concurrent,
Par faveur places-tu voisins, amis, parent?
Car il faut du crédit pour briller dans le monde,
Et tu te vois du reste en poste où tout abonde.

VALCOUR.

Oui, je suis très-heureux de plus d'une façon,
J'ai mis, graces au ciel, la fortune à rançon,
Et la force, mon cher, avant de lâcher prise,
A me payer, morbleu! les frais de l'entreprise.
Tout bien considéré, je puis me hasarder
A la ville, à la cour, à te recommander.

SULZER.

Moi! je n'ai pas, mon cher, l'ardeur qui te possède;
Et tu sais de mes vœux quel est le seul remède.

VALCOUR.

Ah, l'honneur! la vertu! sympathique danger
Pour vous autres héros.

SULZER.

L'espoir de t'obliger.
A propos, si j'en crois ce que je viens d'apprendre,
Le prince souverain accourt ici se rendre.

D'OSMOND.

Le prince?

SULZER.

C'est du jour la nouvelle et le bruit.

D'OSMOND.

C'est un voyage aussi dont monsieur nous instruit.
Mais quel sujet l'amène et que viendrait-il faire?

SULZER.

Ce projet pour les uns est encore un mystère;
D'autres expliquent mieux quelle en est la raison.

VALCOUR, bas à Sulzer.

Bourreau, te tairas-tu?

SULZER, bas à Palmer.

Presse-moi.

PALMER.

Que dit-on?

SULZER.

Qu'épris dans une honnête et moins noble famille,
Il vient, époux modeste, en enlever la fille.

D'OSMOND.

Ah! de galanterie encore quelque trait?
Le fait est amusant.

VALCOUR.

Oui, fort drôle, en effet.

SULZER.

On dit plus : que l'amant, courtisan favorable,
Prête à son souverain un appui secourable.

VALCOUR, bas à Sulzer.

Malheureux! tu me perds.

D'OSMOND.

Ah! vraiment, c'est bien dit.
Quoi! l'amant?...

SULZER.

Il enrage.

D'OSMOND.

Et le père?

SULZER.

Il en rit.

VALCOUR.

Ah, fi donc! quelle horreur! mais c'est épouvantable.

SULZER.

D'un exemple pareil, non, tu n'es pas capable?

VALCOUR.

Moi!

SULZER.

Toi.

VALCOUR.

Certainement jamais je ne pourrais.

D'OSMOND, à Valcour.

Eh! mais, ceci s'accorde à ce que je saurais

D'une séduction en son espèce unique.
Vous sentez bien, monsieur, qu'il faut que l'on s'explique :
Pouvez-vous vous défendre avec ces airs distraits ?
On peut rire un moment à de pareils excès,
Et sentir à la fois son ame révoltée
D'une corruption à son comble portée.
Des princes sans vertus et des sujets pervers
Se donnant à l'envi l'exemple des travers !
Effet vraiment moral de constance héroïque,
Et digne seulement d'un siècle romantique !
Le rapt, la banqueroute; on tue; on vole en l'air...

VALCOUR.

Oui, faisons grace aux mœurs de ce siècle de fer.
Et passant sur ses torts un pinceau laconique,
Sur les élections que prétend la chronique,
Et sur les candidats dont on peut faire choix,
Lequel a la faveur et le nombre des voix ?

SULZER.

Tombes-tu donc au point de t'oublier toi-même,
Ingrat?

VALCOUR.

Oh! c'est trop fort.

SULZER.

Non; *l'on te veut, l'on t'aime.*
Et pour mieux t'assurer le pas sur tes rivaux,
Romuald et Westmann, Palmer, vrais libéraux,
S'il en fût, au scrutin te prêteront main-forte.

VALCOUR.

Serait-il vrai, messieurs? vous votez. Je l'emporte.

ROMUALD, à part.

Oui; va, compte sur nous.

WESTMANN, à part.

Si j'obéis aux lois,
C'est pour t'en affranchir et te vendre mes droits.

VALCOUR.

Eh bien! allons, messieurs, votons d'intelligence.
Eh! rien est-il plus cher que notre indépendance?
Rien de plus précieux que cette liberté,
Maîtresse de tout faste et de toute fierté?
C'est au bonheur public, au peuple, à la patrie
Qu'il se faut immoler sans borne et sans envie.

D'OSMOND.

Oui, mon gendre a raison.

ROMUALD.

Liberté!

WESTMANN.

Liberté!

(A part.)

Nous verrons bien, je pense, après, de quel côté.
Le serment n'y fait rien; c'est aller un peu vite;
On s'engage d'abord et l'on s'explique ensuite.

SCÈNE IX.

OCTAVE, D'OSMOND, VALCOUR, SULZER, PALMER, ROMUALD, WESTMANN.

SULZER.

Octave!

PALMER.

Le voilà!

ROMUALD.

Qu'il est pâle!

WESTMANN.

Quels traits!

VALCOUR.

Arrive donc; allons, qu'on s'égaie.

D'OSMOND.

Oh! jamais.

VALCOUR.

Pauvre ami, tu le vois! comme ton temps s'écoule!
Indolent, inconnu, tu restes dans la foule;
Tandis qu'à tes talents, tes travaux assidus
Les plus nobles emplois, les honneurs seraient dus.
Mais notre activité seule nous fait connaître,
Tu rampes, je m'élève; et ne voulant rien être,
Tu n'es rien.

SULZER.

Rien! Octave?

PALMER.

O blasphème!

ROMUALD.

Un ami!

WESTMANN.

Le mortel anathème était-il fait pour lui?

ROMUALD.

Un astre de lumière.

PALMER.

Ange et démon.

SULZER.

Génie.

D'OSMOND.

De tant d'estime au moins la gloire est infinie,
Et doit l'encourager.

SULZER.

Et le fait! croyez-moi.

PALMER.

Gloire au brave!

ROMUALD.

Au héros!

WESTMANN.

A l'homme! tel qu'il soit.

VALCOUR.

Eh bien donc, j'y consens; engoûment fanatique
De cabale entiché. Serais-tu romantique,
Industriel, réel, et même universel,
De tous termes en *l* amateur éternel,
Formel, essentiel? car c'est là la méthode.
Tout succès a l'appui d'un système à la mode;
Ces vastes plans dans qui le monde enveloppé
A se régénérer est sans cesse occupé;
Par qui l'homme sortant d'une éternelle ornière
Des états différents voit tomber la barrière,
Et souvent étranger dans son propre pays
Aux bords les plus lointains se cherche des amis;
Tient de son importance ou de son industrie
Le droit de citoyen libre dans sa patrie;
Et devant des rapports directs, commerciaux,
On resserre, on détend tous les nœuds sociaux.
Allons, c'est entendu: dans le poste où j'intrigue,
Je vais des grands ressorts développer la brigue.

SULZER, à part.

Va, tu n'iras pas loin, nous sommes sur tes pas.

D'OSMOND, haut.

(à Valcour.)

Messieurs, vous nous suivez. Je ne vous quitte pas.

SCÈNE X.

OCTAVE, SULZER, PALMER, ROMUALD, WESTMANN.

OCTAVE.

Je vous ai demandés, je vous ai fait attendre.
Eh bien donc, chers amis, vous les venez d'entendre.
Les voilà! quels mépris! quels superbes dédains
Tombaient, pour vous blesser, de leurs discours hautains!
Vous, moi, ne sommes rien à leurs yeux : leur bassesse
Au-dessous d'eux encor de dépit nous abaisse.
A Valcour cependant il devrait souvenir
Combien facilement je l'ai fait revenir,
Et terminé d'un mot un assez long voyage.
Que ne pouvons-nous pas encor mettre en usage,
Avec notre union, nos forces, nos rapports,
Dans les villes pour nous soulevant des ressorts?
Du prince souverain vous connaissez l'audace?

PALMER.

Il les égale au moins.

ROMUALD.

Et même il les surpasse.

OCTAVE.

Allez, sonnez la charge... Et sa proie au lion.

SULZER.

Soulèvement !

PALMER.

Révolte !

ROMUALD.

Et révolution
Générale !

WESTMANN.

La guerre au lâche !

ROMUALD.

Gloire au brave !

SULZER.

La souveraineté, le pouvoir pour Octave !

FIN DU QUATRIÈME ACTE.

ACTE CINQUIÈME.

SCÈNE I.

MADAME D'OSMOND.

Le malheureux! partout son image me suit;
Je nourris ma douleur du charme qui me fuit;
Coupable ou non, ma gloire est de porter ses chaînes.
Le voir était ma joie, et mes larmes sont siennes.
Ah! par des nœuds plus forts sur ce cœur abattu,
J'aurais dû, je le sens, soutenir sa vertu.
C'est pour moi qu'il s'éloigne, et, par un vœu contraire,
C'est moi qu'il va chercher sur la rive étrangère.
Mais plus long-temps ici pouvais-je l'arrêter?
Ma fortune est affreuse; y faut-il résister?
Épouse, amante, unie aux volontés d'un père,
Ma honte est de brûler d'un amour adultère.
J'aime! et qui? de douleur j'en frémis... un brigand!
Oui, je le vis terrible, épouvantable, ardent,
Et dans un antre affreux, dans ses bras enchaînée,
L'amour sous le poignard forma notre hyménée!
Étrange changement! que va-t-il devenir
Plein du feu violent qu'il ne peut contenir?
De quels complots suit-il la funeste aventure?
Il part! et dans mon cœur jette un funeste augure.

SCÈNE II.

MADAME D'OSMOND, DEUX HUSSARDS.

UN HUSSARD.

Bon ! *enfoncé* le poste, et la place est à nous.
Madame, si du lieu l'ordonnance est à vous,
Où nous logera-t-on ?

MADAME D'OSMOND.

Vous loger ! pourquoi faire ?

LE HUSSARD.

Vous voyez : deux hussards de l'ordre militaire
Des frères amis. Là, l'ordre est ainsi conçu.

MADAME D'OSMOND.

Votre ordre et votre état, tout me semble inconnu.
Où votre corps est-il ?

LE HUSSARD.

En mille endroits ensemble ;
Nulle part, et partout : un moment nous rassemble,
Un moment nous disperse.

MADAME D'OSMOND.

Et quel est votre emploi ?

LE HUSSARD.

L'obéissance au chef dont nous suivons la loi.
Accourir au signal, et fondre sur la terre
Comme l'aigle à sa proie attacherait sa serre ;
Quand notre ouvrage est fait, disparaître sans bruit,
Et rentrer au signal du grand jour dans la nuit.

MADAME D'OSMOND.

Et quel dessein ici vous amène ?

LE HUSSARD.

La guerre.

MADAME D'OSMOND.

La guerre !

LE HUSSARD.

Oui, la tempête, et voici son tonnerre.
Nous venons au château prendre possession,
Et nous munir du fort contre une agression.
Ici tout est à nous, remparts, champ-clos, tourelle;
Tout est sous notre main ainsi que vous, la belle.

MADAME D'OSMOND.

Vous ! rester au château ?

LE HUSSARD.

S'il vous plaisait, l'amour.
Allons, sans déloger, qu'on nous mène à la tour.
Allez, nous irons bien sans besoin d'assistance;
Et la réserve est là si l'on fait résistance.

SCÈNE III.

MADAME D'OSMOND, ÉTHELVINA, D'OSMOND.

ÉTHELVINA.

Au secours ! au secours !

D'OSMOND.

O malédiction !
Sang et mort ! ô lumière ! ô jour d'affliction !

MADAME D'OSMOND.

Quoi ! que m'annoncez-vous ?

ÉTHELVINA.

Ah! madame, ah! mon frère!

D'OSMOND.

Savez-vous?...

MADAME D'OSMOND.

Quel transport! quoi?

D'OSMOND.

Ce qu'il vient de faire?
Octave, promoteur d'une sédition,
En chef de bande, armé pour la rébellion,
S'avance à Darmestad, borne de la province,
Et vient, dans un combat, d'en enlever le prince.
De malédiction ô funeste fléau!
De moi, de ma famille irrévocable sceau!
Voilà de mes devoirs où la coupable fuite
A conduit de mes pas l'inutile poursuite;
Cette légèreté, ce funeste engoûment
Dont vos plaisirs vantaient le fol égarement.
Oh! que je dois haïr la funeste imprudence
Complice de vos torts, et cette indépendance
Qui, chez moi de l'enfer apportant le tison,
Par la flamme et le fer renverse ma maison.
Que n'ai-je de mon fils su prévoir le génie,
Et d'un monstre au berceau débarrassé ma vie?

MADAME D'OSMOND.

Quoi! m'accuserez-vous aussi d'avoir pris part
Au bizarre attentat pure œuvre du hasard?...

D'OSMOND.

Oui, vous, tous vos amis, cette engeance immorale
De brouillons, d'intrigants, qui vivent de scandale.

MADAME D'OSMOND.

En tout ceci du temps vous voyez les progrès,
On cède à la raison, à ses vrais intérêts.

D'OSMOND.

Dites à la folie.

MADAME D'OSMOND.

Au siècle.

D'OSMOND.

A la démence!
Et la vôtre bientôt aura sa récompense.

MADAME D'OSMOND.

Octave, ah! l'entreprise est bien digne de lui!
Il méritait sans doute un roi pour ennemi!

D'OSMOND.

On vient pour m'apporter de plus tristes nouvelles.

SCÈNE IV.

MADAME D'OSMOND, ÉTHELVINA, D'OSMOND, DUPRÉ.

D'OSMOND, à Dupré.

Nous en apprendras-tu?

DUPRÉ.

Sans doute, et de cruelles!
Ah! mon cher maître, hélas, quel complot odieux!
Vous m'avez ordonné de tout voir par mes yeux:
Octave à Darmestad vient d'arrêter le prince,
Suivi de ses amis. Avant que j'y parvinsse,
A près d'un quart de lieue il l'a fait prisonnier.

De son état-major le parc est le quartier.
Mais il l'y faut garder; c'est là le difficile:
Ses soldats se montaient encore à plus de mille.
Le courage a tout fait.

D'OSMOND.

Mon parc une prison,
Dans un champ de bataille! un roi dans ma maison!
Ah! je n'y puis tenir. C'est toi que je réclame,
Prends un flambeau toi-même et portes-y la flamme;
Que le feu la dévore, et de ce même toit
Que le faix m'engloutisse en s'écroulant sur moi!
Il faut que je me tue!

DUPRÉ.

Assis au rang suprême,
Votre fils vous mandait..... Voici le roi lui-même;
Du moins m'a-t-il bien dit de l'annoncer ainsi.

SCÈNE V.

MADAME D'OSMOND, ÉTHELVINA, OCTAVE, D'OSMOND, AMIS DE LA SUITE D'OCTAVE, se rangeant des deux côtés du théâtre.

OCTAVE.

Guerriers, soldats d'Octave, entourez votre ami!

D'OSMOND.

Quel équipage!

ÉTHELVINA.

Il est fort bien en militaire.

MADAME D'OSMOND.

Octave!

OCTAVE.

Aiglons vainqueurs, vous revenez dans l'aire;
Aux foyers paternels épanouissez-vous.
Le vautour dans vos rangs ne porte plus ses coups;
Tout est prévu : ma garde entoure ce domaine.
Vous sortez de ces lieux et je vous y ramène.
Mais honorez mon père en respectant le roi,
Il est mon souverain et commande avant moi.

D'OSMOND.

Insensé! je vois bien qu'il a perdu la tête.

ÉTHELVINA.

Embrasse-nous.

MADAME D'OSMOND.

Ta sœur entre tes bras se jette.
Ne la connais-tu pas?

D'OSMOND.

Il est bien en état!
Et sait-il ce qu'il est lui-même?

OCTAVE.

Potentat.
Madame, eh bien! d'un roi j'ai rempli l'espérance;
Ah! cet instant expie un siècle de souffrance.
Vous pleurez? Malgré vous je puis vous protéger;
De ces femmes, soldats, écartez tout danger.
Dans leurs rangs éprouvés il n'est point de rebelles,
Leurs pleurs sont au malheur, mais leurs cœurs sont fidelles.
Point de traîtres pourtant ici, ni de suspects;
Qu'on porte dans ces lieux des regards circonspects.
Plus l'état est borné, plus la rigueur est grande;
Mon père voudra bien excuser ma demande.

D'OSMOND.

Qu'as-tu fait? ma douleur ne t'entend qu'à regret.

OCTAVE.

Un seul mot. Je devais me venger, je l'ai fait;
Et ce point éclairci, le plus profond silence
Sur tout ce qui pourrait rappeler ma puissance.
A quelle épreuve, ô ciel, le devoir m'enchaîna!
Le prince souverain, jaloux d'Éthelvina,
Par ses ambassadeurs cherchait à s'introduire,
Et venait l'enlever n'ayant pu la séduire.
De cet affreux complot Valcour est le soutien,
Et nous déshonorait, lui, votre ami, le mien.

D'OSMOND.

Ma fille!... qu'ai-je appris? ô complot effroyable!
La preuve?

OCTAVE.

La voici, sans doute irrécusable;
C'est plus d'un million de billets et d'écrits
Qu'aujourd'hui sur Valcour mes gardes ont surpris.

D'OSMOND.

(Examinant les billets.)

Ses gardes! quel langage?... Et je n'y puis rien dire.

OCTAVE.

Prenez-les; c'est sa dot.

D'OSMOND.

Sa dot! je la déchire.
Si ma fille est quittée, elle me restera.
Pauvre elle est née; honnête et pauvre elle mourra.

OCTAVE.

A ce trait vertueux, je reconnais mon père.

D'OSMOND.

Mais toi! que ta vertu me ranime et m'éclaire!
Que je dois applaudir à l'effort généreux
Qui d'un affront sanglant nous affranchit tous deux!
Loin de te condamner tu me verras moi-même
Écarter de ton front le royal anathême,
Et pour t'encourager, les armes à la main,
Jusqu'au prince avili me frayer un chemin.
Vengeance!

OCTAVE.

Oui, vous l'aurez: vengeance!

ÉTHELVINA.

O ciel, qu'entends-je?
De combats et d'amour quelle horrible mélange?
Mon frère, quel est donc l'inconcevable affront
Qui t'arme pour Valcour d'un châtiment si prompt?

OCTAVE.

Un plus étroit devoir désarme ma colère.
Avant de l'en punir il faut qu'il soit mon frère.
Un serment solennel l'a dans tes bras absous,
Et pour lui pardonner je l'ai fait ton époux.
Mais pour le souverain si peu digne de l'être,
L'esclave de ses sens qu'un hasard fit mon maître...
Mon père, eh bien, toujours voulez-vous retenir
Le glaive dont mon bras s'est armé pour punir?
Dans ce monde opprimé, que le crime ravage,
Condamnez-vous d'un fils le dévoûment sauvage?

D'OSMOND.

Je l'approuve.

OCTAVE.

Achevez. Dites : Je te bénis.

D'OSMOND.

Sois-le.

OCTAVE.

Fier de sa gloire, embrassez votre fils.
Je me relève armé du sanglant cimeterre
Envoyé par le ciel aux crimes de la terre,
A ce roi détrôné devenu mon égal.
Des changements du sort c'est un arrêt fatal ;
Il n'est plus rien, je règne et commande à sa place,
Devant un nouveau roi l'ombre d'un roi s'efface.
Dans les dangers pourtant ne nous endormons pas.
Alerte! avisons tout : je revole aux combats.
(A Éthelvina.)
J'ai mis à ton hymen le sceau de ma colère,
(A madame d'Osmond.)
Va, tu le reverras. Madame... Adieu, ma mère.

ÉTHELVIVA.

Nous ne te quittons pas.

D'OSMOND.

Où va-t-il? malheureux!

MADAME D'OSMOND.

Je le suis.

SCÈNE VI.

D'OSMOND, VALCOUR.

D'OSMOND.

Arrêtez, homme trop dangereux!
Vous cherchez-vous ici de nouvelles victimes?

Au fond du précipice, environné d'abîmes,
On ne peut plus tomber. Me rendrez-vous les jours
Dont votre ambition précipite le cours;
Le fils?... Retirez-vous.

VALCOUR.

Quel aveugle délire!
Quand je viens vous sauver, quand l'espoir qui m'inspire
Est d'arracher ce fils aux horreurs du trépas,
Sur le bord de l'abîme est d'arrêter ses pas.

D'OSMOND.

L'arrêter! et pourquoi? d'une cruelle offense,
Dont je ressens l'affront, lui ravir la vengeance;
D'un opprobre éternel moi-même me couvrir,
En repoussant le bras qui vient me secourir.
Non, je l'approuve enfin : rang, naissance, ni lustre
Ne me font point rougir d'une faiblesse illustre;
Frappe, frappe, mon fils! achève et venge-nous,
Ton père ici pour lui t'implore à deux genoux;
Tu n'entendras de moi ni plaintes ni murmure,
Satisfais ton devoir et venge mon injure.
Tout est épouvantable en ton adversité;
Mais, quel que soit le crime, il est trop mérité.
Malheureux cependant qui prendra ta défense?
Qu'avez-vous fait, monsieur? quelle est votre imprudence?

VALCOUR.

Oui, j'ai bravé pour vous, amour, vengeance, éclats,
Et tenté d'arracher votre fille à vos bras;
Mais j'atteste le ciel, témoin de ma constance,
Des efforts de mon zèle et de ma résistance,
Et que le seul desir de votre avancement

Dans un dessein si haut m'engagea trop avant.
Et comment sans les soins que cette audace allume
De vos destins ingrats corriger l'amertume?

D'OSMOND.

Funeste ambition! il est donc vrai, monsieur,
Vous nous avez perdus?

VALCOUR.

J'en atteste l'honneur,
Je puis de votre fils protéger l'innocence.
Aux pieds du souverain, que sa conduite offense,
Venez, je veux aller vous le rendre.

D'OSMOND.

A quel prix
Je vous devrais la grace et la honte d'un fils!
Laissez-moi, j'irai seul.

VALCOUR.

Affronter sa colère!
Vous coupable à ses yeux; je dois vous en distraire.
Vous trouveriez la mort dans ses yeux courroucés,
Et la fin d'un rebelle et ses pleurs repoussés
Seraient pour vous le fruit d'imprudentes alarmes
Où le pardon tardif peut naître de mes larmes.

D'OSMOND.

Je m'arrache aux douleurs pires que le trépas.
Il est temps que je meure!

SCÈNE VII.

MADAME D'OSMOND, ÉTHELVINA.

MADAME D'OSMOND, *à Valcour qui sort.*

Ah! ne le quittez pas.
Tout est perdu.

ÉTHELVINA.

Comment! dans sa soudaine fuite
Vos pas plus loin que moi s'empressaient à sa suite,
Quelle alarme! quel bruit aurait donc transpiré?

MADAME D'OSMOND.

Des fers de sa prison le prince délivré
Vers les murs du château bat Octave en retraite.
Il se va voir contraint d'y dérober sa tête;
Il n'a plus d'autre asile. Infortuné vaincu!
Il cède et je me rends moi-même à sa vertu.
Un courage héroïque honore sa défaite:
Je sens bien que pour lui la victoire était faite.

SCÈNE VIII.

MADAME D'OSMOND, ÉTHELVINA, D'OSMOND, VALCOUR.

D'OSMOND.

Oh, douleur!

VALCOUR.

Ah ! fuyez.

D'OSMOND.

Elle poursuit mes yeux;
Cette foule, ce peuple accourus vers ces lieux.
D'un supplice trop lent je vois la foule avide,
Et dans la mort éteint ce front déja livide.

SCÈNE IX.

MADAME D'OSMOND, ÉTHELVINA, VALCOUR, DUPRÉ, DEUX MOINES, personnages muets.

DUPRÉ.

Un incident à vous me force à recourir.
Deux moines envoyés pour ceux qui vont mourir...

D'OSMOND.

Ah! j'ai prévu la fin.

DUPRÉ, aux deux moines.

Puisqu'il faut qu'on me pende,
Mon ame à vos bontés, messieurs, se recommande.
(A d'Osmond.)
Cernés de tous côtés, plus d'espoir de secours;
Dans les mains des soldats, les maîtres de ses jours,
Octave condamné sous le rempart s'avance.

(On entend une marche de tambours.)

MADAME D'OSMOND.

Qu'ai-je entendu?

(On entend un roulement.)

ÉTHELVINA, s'approchant d'une fenêtre.

Quel bruit?

(On entend une décharge de mousqueterie.)

Ah!

(Ethelvina vient tomber dans les bras de Valcour, tandis que madame d'Osmond tombe dans les bras de son époux.)

VALCOUR.

La mort!

D'OSMOND.

Sa sentence!

FIN DU ROMANTIQUE.

www.ingramcontent.com/pod-product-compliance
Lightning Source LLC
LaVergne TN
LVHW020421230826
846091LV00004B/1358
* 9 7 8 2 0 1 9 9 7 2 0 4 2 *